高频别字300例

『字斟句酌』丛书

许霞 编著

上海教育出版社
SHANGHAI EDUCATIONAL PUBLISHING HOUSE

“字斟句酌”丛书出版前言

已有60年历史的上海《语言文字周报》是中国语文现代化的一面旗帜，多次被国家语委、教育部评为“全国语言文字工作先进单位”。为适应新时代国家语言文字事业发展和社会语文生活与时俱进的需要，本报于2018年下半年进行全新改版。办报宗旨亦做新的调整——在宣传贯彻国家语言文字政策法规的同时，加强观察和讨论当下日常工作、生活中的语文新现象，咬嚼各类社会语文差错，传播与语言文字相关的文化常识。为了丰富普及语言文字新知的形式，编辑部决定推出“字斟句酌”丛书。丛书的目标读者是媒体从业人员、中学教师、其他语文工作者以及对汉语汉字感兴趣的广大读者。

该丛书是一套开放性的体系，内容涉及汉语汉字的方方面面。目前想到的品种有七个：《词误百析》《高频别字300例》《标点百诊》《语言文字规范手册》《病句精讲》《语法修辞例话》《这些知识不太冷——100个最容易出错的自然人文常识辨正》。

该丛书每册10万字左右，以普及为主，兼顾提高，力求融知识性、权威性、趣味性于一体。知识性是说有内容，实在而丰富，每本书围绕一个语言文字话题展开，讲清有关的语文知识，给读者以满满的获得感。权威性与科学性有关，是说书中的知识是经得起推敲的，言必有据，是能直接指导读者的语文运用的。这一点首先靠我们丛书高质量的编写队伍来保证。每本书的作者都是该领域学有专长的专家。他们有的是学识渊博的老教授，有的是出版界的咬文嚼字高手，有的是学界新锐，学有所专，各擅胜场。趣味性是说写作风格，在行文严谨、简练的基础上，力求活泼、轻快一些，让语文科普图书也变得可亲起来。

《语言文字周报》编辑部

2019年7月

目　录 contents

（括号中是正确的字）

A

B

C

D

E

F

G

H

J

K

L

M

N

O

P

Q

R

S

T

W

X

Y

Z

A

哀(唉)声叹气

错例

任何一个人都不希望自己变成一个哀声叹气的悲观者和动不动就发脾气的暴躁者。

辨析

“哀声叹气”当为“唉声叹气”。错例系读音相同所致。

“唉”和“哀”读音相同,字义却大相径庭。“唉”是感叹词,表示叹息;“哀”多用作形容词,意思是悲伤。

“唉声”指人在感到烦恼、愤懑时发出的一声声叹息。施士洁有“亚父唉声双碎斗,仲宣愁赋一登楼”的诗句。“亚父”指项羽的谋士范增。据《史记·项羽本纪》记载,范增见项羽在鸿门宴上放走刘邦,一怒之下便将刘邦送来的一对玉斗“置之地,拔剑撞而破之”,叹息道:“唉,竖子不足与谋!”“唉声”一词,表达了范增内心的愤懑和失望。“哀声”即悲哀的声音,常指痛哭声。冯梦龙《东周列国志》第五十一回:“赵盾伏于灵公之尸,痛哭了一场,哀声闻于园外。”也指悲凉的乐声。《洛阳伽蓝记·高阳王寺》:“徐鼓箜篌而歌,哀声入云。”

“哀声”与“唉声”所表达的情绪不同。“唉声叹气”不可写作“哀声叹气”。

和霭(蔼)

错例

当我们按预约时间来到他的住处时，这位和霭的西方客人马上迎上来和我们握手，并微笑着示意我们入座。

辨析

“和霭”当为“和蔼”。错例系读音相同、字形相近所致。

“蔼”和“霭”音同形近，但字义有别。

一般认为，“蔼”从言（讠），葛声；声符“葛”兼有表意作用，谓言辞如藤葛般婉转曲折。《说文通训定声》：“蔼，言之美也。”由讲话委婉引申指态度温和，容易接近，如“和蔼可亲”“笑语蔼然”。

“霭”从雨。以“雨”为形符的汉字，通常与自然现象有关，如“雪”“雾”“雷”“霞”“霾”等。“霭”也不例外，其本义为云气、雾气。柳永《雨霖铃》：“念去去，千里烟波，暮霭沉沉楚天阔。”“暮霭”即黄昏时的云霞和雾气。可叠用为形容词，描摹云雾等密集的样子。苏轼《题南溪竹上》：“湖上萧萧疏雨过，山头霭霭暮云横。”“霭”的字义与人的态度毫无关系，没有“和霭”的说法。

暗(黯)然伤神

错例

此诗缠绵悱恻，读之暗然伤神。

辨析

“暗然伤神”当为“黯然伤神”。错例系读音相同、字形相近所致。

“黯”从黑，本义为深黑色。“黯然”即深黑的样子。《史记·孔子世家》有“丘得其为人，黯然而黑，几然而长”一语，意思是我孔丘知道乐曲的作者是什么样的人了，他肤色黝黑，身材颀长。引申指失去光彩、没有生气的样子，如刘禹锡诗“王濬（jùn）楼船下益州，金陵王气黯然收”。进而喻指情绪低落、面色晦暗之状，成语有“黯然销魂”“黯然伤神”等。

“暗”从日，本指光线不足或没有光线，如“暗室”“暗无天日”。引申指不鲜艳，如“这件衣服颜色偏暗”。又引申指不公开的、不明显的，如“暗号”“暗礁”“暗流涌动”等。

“黯”和“暗”均有不鲜亮、无光泽之义，故“黯淡”亦可写作“暗淡”。不过，在现代汉语中，“黯”主要用来表示伤感、沮丧等抽象义；“暗”则多用于不明亮、昏暗等较为具体的意义。因此“黯然伤神”不宜写作“暗然伤神”，汉语中也没有“暗然”一词。

B

甘败(拜)下风

错例

亏损的根本原因是企业内部管理不活，面对充满竞争的建材市场坐等观望，甘败下风，因而处于将被挤出市场的困境。

辨析

“甘败下风”当为“甘拜下风”。错例系不明典故所致。

据《庄子·外篇·在宥》记载，上古时期黄帝曾向一位叫广成子的高士问道，广成子“南首而卧，黄帝顺下风膝行而进，再拜稽首”。后来由这个故事衍生出成语“甘拜下风”。

“甘”指心甘情愿。“拜”是古时表示恭敬的一种礼节，行礼时下跪，低头与腰平，两手至地。“下风”原本是指风所吹向的那一方，如“发生火灾时站在下风的方向是非常危险的”；后比喻处于下位、卑位，有时也用作谦辞。“甘拜下风”即甘居人下，表示诚心佩服、自认不如，如“您的棋艺实在高明，我甘拜下风”。

“甘拜下风”的“拜”与“失败”的“败”完全是两码事。

拌(绊)脚石　绊(拌)嘴

错例

① 挫折是一块石头：对于弱者来说它是拌脚石，让你停步不前；而对于强者来说它是垫脚石，使你站得更高。

② 男孩是固执的，想证明：一定有食物存在。女孩近乎刻薄，仿佛在说：你只是徒劳。讥讽，绊嘴，互不让步。他们好像不是为了找到食物，仿佛只想证明对方错了。

辨析

“拌脚石”“绊嘴”当为“绊脚石”“拌嘴”。错例系音同形近、意义混淆所致。

“绊”，绞丝旁，本义为御马的绳索。引申用作动词，表示用绳子系住马足。任华《怀素上人草书歌》：“终恐绊骐骥之足，不得展千里之步。”后泛指牵制、束缚。《资治通鉴・魏纪十》：“今绊姜维于沓中，使不得东顾。”又引申指行路时被某样东西挡住或缠住。《红楼梦》第二十四回：“那小红臊得转身一跑，却被门槛子绊倒。”常用词语有“磕磕绊绊”“绊了一跤”等。“绊脚石”是指行走时使脚受阻而跌倒的石块，喻指前进道路上的障碍物，如“骄傲是前进的绊脚石”。

再来看“拌”。“拌”，提手旁，意思是搅和、搅拌，如“小葱拌豆腐”“把饺子馅拌匀”。由搅拌时多种物质的混杂引申为你一言我一语地争执，如“拌嘴”。“拌”的目的是混合均匀，因而“拌嘴”通常表示为调和意见而发生口角，一般用在关系亲密的人之间。

英磅(镑)

错例

英国一女子用她账户里最后1.5英磅买了张彩票碰运气，竟中得头奖。

辨析

“英磅”当为“英镑”。错例系读音相同、字形相近所致。

“磅”与“镑”都读 bàng，都是英文单词“pound”的音译。“pound”有两个常用义：一是英美制质量或重量单位；二是英国等国的本位货币或本位货币单位。

由于汉字具有表意属性，人们在借用汉字对译外来词的时候，习惯于通过汉字的形符来暗示该词的意义类属或指称范围：“磅”，形符为“石”，表示重量单位（旧时“石”曾用作重量单位，音 dàn），1 磅约合 0.45 千克；“镑”，形符为“金（钅）”，表示货币单位，如“英镑”“埃及镑”。二者意义的不同通过汉字形符得以体现。

了解了这一点，使用这两个字时就不会混淆了。

报(抱)憾终生

错例

你们正是多梦的年龄，切不可浪费青春，虚度光阴，最终报憾终生。

辨析

“报憾终生”当为“抱憾终生”。错例系读音相同所致。

“抱”从手(扌),包声,“包”兼表包聚之意。本指用手臂围拢在胸前,引申指胸中怀有某种想法、意见、情感等。如“抱歉”即心有愧疚,“抱屈”即心里委屈,而“抱憾终生”是说一辈子怀有遗憾。中国古代有部道教典籍叫《抱朴子》,书名的意思是“心存本真之人”。“抱朴子”也是作者葛洪的自号。

“报”的金文字形为,左边是一种刑具,右边为以手按压下跪之人。本义为判决罪人。判罪须请示上司,故引申指报告、告诉。用作名词,则表示传达信息的某种载体。《红楼梦》第九十九回:“一日,在公馆闲坐,见桌上堆着许多邸报。”所谓“邸报”就是中国古代的一种报纸,通常用于传达朝政或政治情报。又从告诉引申为答复、回应,如司马迁的《报任安书》就是他写给友人任安的回信。进一步引申为回报,如“报恩”“报仇”“报应”等。“报憾终生”解释不通。

山洪爆(暴)发

错例

情绪熔断就在一瞬间,如山洪爆发,如火山喷射,如河水溃堤。

辨析

“山洪爆发”当为“山洪暴发”。错例系读音相同、意义混淆所致。

“暴”在篆文中有两个来源:一个从日,从出,从廾(双手),从米,会双手捧米日下曝晒之意,本义为晒;一个从日,从出,从廾,从夲(快走),段玉裁认为其本义为“疾有所趋”,也就是快速前进的意思。后来两个字混同,均写作“暴”。“暴”由疾行引申出急速、猛烈之义,如“暴风骤雨”“暴饮暴食”“暴跳如雷”。用作副词,相当于突然、猝然,如“一夜暴富”“暴病身亡”。

“爆”从火,本指物体因受热而突然破裂,如“爆炸”“爆破”。引申指出人意料地出现或发生,如“爆冷门”“爆出特大新闻”。

“暴发”和“爆发”都有突然发作的意思,但二者的使用范围有差异。“暴发”多用于疫病、自然灾害等消极事物,如“暴发海啸”“暴发流感”;还可表示突然发财或得势,多含贬义,如“暴发户”。“爆发”则多用于火山以及战争、革命、运动等重大事变,如“爆发反战大游行”“爆发农民起义”;还可用于声响、情感、力量等,如“台下爆发出热烈的欢呼声”“愤怒的情绪终于爆发出来”“困境让她爆发出无穷的力量”。可见,写作“山洪暴发”才符合规范。

艰苦倍(备)尝

错例

他在生活中屡遭挫折,艰苦倍尝。尽管如此,在他的作品中却看不到颓丧,反而充满了生命的张力。

辨析

“艰苦倍尝”当为“艰苦备尝”。错例系读音相同、意义混淆所致。

“备”和“倍”作副词时很容易混淆。“备”有齐全的意思,如“完备”“齐备”“求全责备”。引申用作副词,有完全、周遍之义,强调范围广,相当于“尽”“皆”“都”,如马融《长笛赋》:“箫管备举，金石并隆。”成语“艰苦备尝”强调尝到的是各种苦而不是一种苦，“关怀备至”则强调对人的关怀是各方面的而不是单方面的，所以都要用范围副词“备”。

“倍”有照原数等加的意思，如“倍增”“事半功倍”等。引申用作副词，侧重表示程度加深，相当于“更加”“越发”“格外”。“倍感亲切”是说感到格外亲切，王维诗句“每逢佳节倍思亲”是说过节时要比平日更加思念亲友，故而都要用程度副词“倍”。

英雄倍(辈)出

错例

中国历史上乱世很多，英雄倍出，可是到了今天，能够被广泛认知和记忆的，为什么只有三国？

辨析

“英雄倍出”当为“英雄辈出”。错例系误解词义所致。

“辈”是个会意字。上面的“非”是“排”的本字，下面为“车”，合起来表示战车排列前进的意思。本义为百辆车。《说文》：“辈，若军发车，百辆为辈。”引申指同类的人或事物，略相当于“们”“等”。《三国志・魏书・华佗传》：“天下当无此鼠辈耶？”李白《南陵别儿童入京》：“仰天大笑出门去，我辈岂是蓬蒿人。”进而引申用作量词，相当于“批”，如《汉书・李广苏建传》：“匈奴留汉使郭吉、路充国等前后十余辈。”古汉语中，“辈”可以用在动词前充当状语，表示人、物的产生或出现是一批一批的，相当于“成批地”。

“英雄辈出”是指杰出人物一批接一批地连续出现，而不是突然间数量成倍地出现，因此不能写作“英雄倍出”。

彼彼(比比)皆是

错例

我们小区的不文明行为可谓彼彼皆是。

辨析

“彼彼皆是”当为“比比皆是”。错例系读音相同所致。

“比”在甲骨文中为，象两人并肩跪拜之形，本义为紧挨、紧靠。如“比翼鸟”是指翅膀挨着翅膀一起飞的鸟，“鳞次栉比”是说像鱼鳞和梳子齿那样一个挨一个紧密排列。叠用为“比比”，语义加重，相当于“到处、处处”。《聊斋志异·梦狼》：“窃叹天下之官虎而吏狼者，比比也。”“比比皆是”即到处都是。“比比”由空间上的紧邻引申为时间上的接近，相当于“屡屡、频频”。元稹《白氏长庆集序》：“比比上书言得失。”

“彼”为指示代词，跟“此”相对，相当于“那”，如“由此及彼”“此起彼伏”“此一时，彼一时”；也作人称代词，相当于“对方、别人”或“他、他们”，如韩愈《师说》：“彼与彼年相若也，道相似也。”“彼彼皆是”说不通。

原形必(毕)露

错例

金钱是个颇有神力的照妖镜，小人、伪君子在它面前皆原形必露。

辨析

“原形必露”当为“原形毕露”。错例系误解成语所致。

“毕”原本是个象形字，金文中写作，指古时捕捉鸟兽用的长柄网。《庄子·外篇·胠箧》：“夫弓、弩、毕、弋、机辟之知多，则鸟乱于上矣。”用作动词，表示用长柄网猎取。《诗经·鸳鸯》：“鸳鸯于飞，毕之罗之。”由捕捉住引申出完结、终了之义，如杜牧《阿房宫赋》：“六王毕，四海一。”常用词有“完毕”“毕业”等。又引申指竭尽、用尽。《列子·汤问》：“吾与汝毕力平险，指通豫南，达于汉阴，可乎？”进而虚化为副词，表示全部、完全。林嗣环《口技》：“忽然抚尺一下，群响毕绝。”“群响毕绝”即各种声音全都消失了。

成语“原形毕露”是说本来面目完全暴露出来，而不是必定会暴露出来，故而不能写作“原形必露”。

民生凋蔽（敝）

错例

连年的征战使得亚述帝国民生凋蔽，民怨沸腾。

辨析

“民生凋蔽”当为“民生凋敝”。错例系读音相同、字形相近所致。

“敝”的甲骨文字形为，左边是“巾”，右边是“攴（pū）”。“攴”为手持棍棒之形；“巾”则代表衣物，“巾”上还有两点表示灰尘。合起来表示给旧衣物除尘。“敝”的本义为破旧衣物。后泛指破败。《孟子·尽心上》：“舜视弃天下，犹弃敝屣也。”“敝屣”即破旧的鞋子。成语有“敝帚自珍”。进而引申指衰败，如

《礼记·少仪》:“国家靡敝,则车不雕几,甲不组縢,食器不刻镂。”“凋”的本义为草木枯萎零落。《论语·子罕》:“岁寒,然后知松柏之后凋也。”引申指疲困、衰败,如《国语·周语》:“民力凋尽,田畴荒芜,资用乏匮。”“凋”和“敝”均有衰败义,故而组成同义复合词“凋敝”。“民生凋敝”指社会穷困,经济衰败,人民生活极端困苦。

“蔽”,草字头,本义为小草。由小草覆盖地面引申出遮挡、隐藏、掩饰之义,如“遮蔽”“隐蔽”“蒙蔽”等;又引申为概括,如“一言以蔽之”。“凋”和“蔽”不能组合成词。

金壁(碧)辉煌

错例

赫兹的实验也同时标志着经典物理的顶峰。物理学的大厦从来都没有这样地金壁辉煌,令人叹为观止。

辨析

“金壁辉煌”当为“金碧辉煌”。错例系误解成语所致。

“碧”本指青绿色的美石。传说春秋时贤士苌弘被冤杀,其血三年后化为碧石,这就是“碧血”的由来。“金碧”即黄金和碧玉,可作装饰品。《后汉书·乌桓传》:“妇人至嫁时乃养发,分为髻,着句决(一种首饰),饰以金碧。”亦指金黄、碧绿两种色彩。金色明丽,碧色莹澈,二者交错,自然能产生“辉煌”的效果。所谓“金碧辉煌”就是金光碧色,华彩绚烂。《西游记》第四回描述人物装扮:“绛纱衣,星辰灿烂;芙蓉冠,金碧辉煌。”后来多用于形容建筑物的内部陈设,如《红楼梦》第二十六回曾用“金碧辉煌”“文章闪烁”来描写贾宝玉的房间。

“金碧辉煌”的“碧”经常被误写作“墙壁”的“壁”，大概是由于该成语经常用来描绘建筑物而造成的误解。

针贬(砭)

错例

他的创作特点是积极干预生活，揭露矛盾，针贬时弊，提出时代的迫切问题，因而具有较强的纪实性和政论性，但作品往往忽视人物性格的塑造以及道德问题的探索。

辨析

“针贬”当为“针砭”。错例系读音相近、字形相似所致。

“砭”音 biān,《说文》解释为“以石刺病也”，即用石针、石片等器械刺破皮肉或刺激穴位，以达到治病的目的。这是最古老的中医疗法之一。因最早使用的针为石针，故“砭”从石。由针刺治病喻指指出错误，以求改正。《红楼梦》第九十八回：“那宝钗任人诽谤，并不介意，只窥察宝玉心病，暗下针砭。”

“贬”读 biǎn，从贝(表示财富)，从乏(表示减少)，会财富减少之意。本义为减损、减少，如“贬值”。引申指降职，如“贬谪”“贬官”。又引申指给予低的评价，与“褒”相对，如“褒贬不一”“贬低”“贬义词”等。“贬”与治病无关，“针砭”不能写作“针贬”。

《管锥篇(编)》

错例

莫尼克·莫浓教授用叔本华和普鲁斯特使用过的魔镜的喻

象，来比拟《管锥篇》，进而比拟它的作者。她极言《管锥篇》前无古人后无来者。

辨析

“《管锥篇》”当为“《管锥编》”。错例系读音相近、意义混淆所致。

“编”，绞丝旁，本指用皮条或丝绳将单片竹简顺次穿联在一起，以便于阅读。可用作书名，特别是汇编作品的名称。如《鸡肋编》为宋人史料笔记，《集蓼编》为学术论著集，《殷契粹编》则是甲骨文研究成果汇编。

“篇”，竹字头，《说文通训定声》释作“书于简册可编者也”，即写在若干单片竹木简上的诗文，可穿联起来以保持内容完整。后来，“篇”常用来指称整部著作的基本单元，如《孙子兵法》有《谋攻篇》《九地篇》等。

在现代汉语里，“编”和“篇”都可以用作量词：“编”用以称量书籍中相对独立的部分，“编”下可再分“章”；“篇”则多用于称量首尾完整的文章。如“本书分上、下两编，上编四章，每章五篇论文”。

《管锥编》是钱锺书先生撰写的笔记体著作，书名是“编”而非“篇”。

心胸偏(褊)狭

错例

历史上有些皇帝心胸偏狭，口是心非，把纳谏当成剪除异己、诱人犯错误的工具。

辨析

“心胸偏狭”当为“心胸褊狭”。错例系读音相近、字形相似所致。

“褊”读 biǎn，从衣(衤)，本义为衣服窄小，后泛指事物狭小。《诗经·葛屦》中有“维是褊心，是以为刺”，“褊心”即小心眼。“狭”本指宽度、广度小，如“狭窄”“狭路相逢”。“褊”与“狭”组合成词，属于古汉语中常见的同义复用现象，也符合现代汉语双音词产生的一般规律。“褊狭”通常用来形容土地狭小或人的心胸、气量、见识等狭隘。如《北史·齐高祖神武帝本纪》：“虽有山河之固，土地褊狭，不如邺，请迁都。”《资治通鉴·唐纪》：“萧铣性褊狭，多猜忌。”

“偏”读 piān，意思是不正、倾斜，如“偏袒”“偏见”“不偏不倚”。“偏”与“狭”不能组合成词。

有口难辨(辩)

错例

有的时候，你明明知道事情不是这样的，却有口难辨，莫名委屈。

辨析

“有口难辨”当为“有口难辩”。错例系读音相同、字形相近所致。

“辨”和“辩”都含有两个“辛”。“辛”在甲骨文中为刑具之形，从辛取义的字，本义多与犯罪、刑罚有关。

“辩”为“言(讠)”在“辡”中，表示两名罪人互讼，法官居中审理案件，有争辩、治理之义。《说文解字注》：“辩，治也。……谓治狱也。”“辨”为“刀(刂)”在“辡”中,表示法官裁断是非。本义为判断、区分。《说文》:“辨,判也。”“判,分也。”可见,“辨”和“辩”不仅音同形近,字义也相通,因而在古汉语中经常混用。

但现在二者有了较为清晰的意义界限:“辩”从言(讠),强调通过言辞来阐述观点,澄清事实,如“辩解”“有口难辩”;“辨”从刀(刂),刀的功能是使物体分开,所以“辨”侧重于表示根据事物的特点加以区分,如“辨别”“明辨是非”。

亳(毫)州

错例

中国历史文化名城毫州,位于安徽省西北部,地处黄淮平原,与河南接壤,离山东、江苏不远,有衢通四方之便。

辨析

“毫州”当为“亳州”。错例系字形相近所致。

“亳州”误作“毫州”,可以说是一个“经典”错误了。“亳”音bó,用作地名或姓氏。亳州位于安徽省西北部,是一座拥有三千多年历史的文化古城,曾涌现出政治家曹操、神医华佗、诗人李绅等诸多著名人物。

“毫”音háo,本指长而尖的毛,后泛指细毛。成语有“明察秋毫”,是说视力好得连秋天鸟兽身上新生的细毛都看得清清楚楚,形容目光敏锐。“毫”常用来喻指极细微之物,如“毫芥”“毫黍”“毫末之利”等。某理发店有一副对联:“虽为毫末技艺　却是顶上功夫”。这里的“毫末”既指毛发末端,又有微不足道之义,可谓一语双关。“毫”虚化为副词,常与“不”“无”连用,表示“一点也不”或“完全没有”,如“毫不犹豫”“毫无头绪”。

中国没有以“毫州”命名的城市。

泊(舶)来品

错例

严格地说，给小费的做法是“泊来品”，在金钱万能的西方社会里，对礼仪服务付费没什么大惊小怪的。

辨析

“泊来品”当为“舶来品”。错例系读音相同所致。

“舶来品”原指进口货物。“舶”音 bó，从舟，意思是大船、海船；“舶来”即船舶从海外载货前来。《旧唐书·李勉传》：“前后西域舶泛海至者岁才四五，勉性廉洁，舶来都不检阅，故末年至者四十余。”旧时，外国商品主要由船只经水路载运而来，因此有了“舶来品”的说法。如今，该词可泛指各种外来事物，包括文化、技术、观念等，如史金波《西夏佛教史略》：“佛教虽然是舶来品，但当它一旦在西夏扎根、发展以后，就会融入当地的内容和风格。”

“泊”从水（氵），本义为水浅的样子。浅水易停，故引申指停船靠岸，如张继诗《枫桥夜泊》、杜牧诗《泊秦淮》、王安石诗《泊船瓜洲》。如今，“泊”又发展出停放车辆的意思，如“泊车”。“泊来品”解释不通。

脉博(搏)

错例

从领导到导演、演员，都要以把握文化市场的脉博、抓住观众的心作为新剧目创作的中心。

辨析

“脉博”当为“脉搏”。错例系读音相同、字形相近所致。

“搏”，提手旁，本义是对打、相斗，如《左传·僖公二十八年》：“晋侯梦与楚子搏。”引申指抓捕、攫取。成语有“狮子搏兔，亦用全力”，其中的“搏”就是捕捉的意思。由扑上去抓引申为跳跃、跳动，如《本草纲目拾遗》：“儿童捕（蝇虎）置器中，捉蝇以饲之，视其搏跃为戏。”（蝇虎，蜘蛛的一种。）“搏跃”即跳跃。所谓“脉搏”就是指动脉有规律的跳动，中医可据此诊断疾病。

“博”为会意字。左边的“十”表示多、齐备，右边的“尃”有普遍的意思。“尃”兼表声。“博”的本义为大、广，如“博大精深”“博览群书”。引申指多、丰富，如“地大物博”“博物馆”。用作动词，则有赌博、博取等义项。“脉博”无从索解。

巨擘（擘）

错例

他是画坛巨擘，在工笔花鸟方面有着重要成就。

辨析

“巨擘”当为“巨擘”。错例系字形相近所致。

网上经常会出现“科学巨擘”“金融巨擘”“痛失巨擘”之类的表述，其中的“擘”均当写作“擘”。

“擘”读 bò，本义是分开、剖裂。《史记·刺客列传》：“既至王前，专诸擘鱼，因以匕首刺王僚。”“擘鱼”即把鱼掰开，以便取出藏在鱼腹中的匕首。分开物体需拇指用力，故而引申用作名词，表示拇指。“巨擘”即大拇指，常用来比喻杰出的人物。《孟子·滕文公下》：“于齐国之士，吾必以仲子为巨擘焉。”

“擎”读 qíng，意思是举、向上托。苏轼《江城子·密州出猎》：“老夫聊发少年狂，左牵黄，右擎苍，锦帽貂裘，千骑卷平冈。”“擎苍”即托着苍鹰。引申为支撑，如“擎天柱”指古代传说中八根支撑着天的柱子，后用来比喻担负重任的人。

没有“巨擎”的说法。

布(部)署

错例

交巡警支队成立后，将此街作为管理重点，通过市政府联合有关部门进行综合整治，并重点增加警力布署，合理分流控制过往行人与车辆。

辨析

“布署”当为“部署”。错例系读音相同所致。

“部”，右耳旁。从汉字的字体演变过程来看，右耳旁是“邑”的变体，因此以右耳旁为部首的字通常与城邑、邦郡有关。“部”的本义为古代划分出的行政区域；后用于命名政府中按职能划分的单位，如“吏部”“刑部”“三省六部”。进而泛指整体中分出的一份，如“局部”“上部”“内部”。部分属于整体，所以“部”用作动词时，有统属、管辖之义，如《史记·项羽本纪》：“汉王部五诸侯兵，凡五十六万人，东伐楚。”又引申指安排。《后汉书·冯异传》：“乃更部分诸将，各有配隶。”这里的“部分”是动词，当分派、安排讲。

再来看“署”。“署”从网(罒)，表示设网捕鸟。后泛指安设、布置。《广雅》:“署,置也。”

这样,“部”和“署”便成为同义语素,组成“部署”一词。该词在《史记》中已出现,并沿用至今,如《史记·项羽本纪》:“梁部署吴中豪杰为校尉、候、司马。”“部署”本为军事用语,表示调配兵力、分派作战任务;现在亦可表示对重要工作做出全局性安排,如“部署扶贫工作”。

“布”也有安排义,但侧重于表示在一定范围内铺开、陈设,如“布线”“布景”“布下天罗地网”。“布”没有自上而下分派的意思,写作“布署”是不妥当的。

C

璀灿(璨)

错例

她最初在黎锦晖主办的“联华歌舞班”及“明月歌舞社”演歌舞剧，后又在上海参加话剧和电影的演出，成为旧上海艺术舞台上的一颗璀灿的明星。

辨析

“璀灿”当为“璀璨”。错例系读音相同所致。

“璨”读 càn，从玉，本指美玉的光泽，如《旧唐书・柳宗元传》：“精裁密致，璨若珠贝。”“璀”和“璨”意义相同，读音相近，本是两个单音同源词，凝固成双音词(双声联绵词)“璀璨”后，依然保留了词源意义所带来的词义特点，通常用于形容珠玉等光彩鲜明的样子，如“晋祠，真不愧为我国锦绣河山中一颗璀璨的明珠”。

“灿”从火，意思是鲜明耀目，常用于形容日月的光芒。曹操《观沧海》：“星汉灿烂，若出其里。”“璀璨”的“璨”不能写作“灿烂”的“灿”。

馋(谗)言

错例

我非常想要见见你，亲眼目睹这位西方最强大的君主，特别是在这几年，我更是想要将你从那邪恶的馋言和误解中解救出来！

辨析

“馋言”当为“谗言”。错例系读音相同、字形相近所致。

“馋”和“谗”的右半部分原本写作“毚(chán)”，字形为一上一下两只兔子，表音的同时兼表狡猾、贪婪之意。《说文》：“毚，狡兔也，兔之骏者。”

“谗”从言(讠)，本义为说别人坏话。《明史·王徽传》：“有方正不阿者，即以为不肖，而朝夕谗谤之。”用作名词，指诬陷人的坏话，如范仲淹《岳阳楼记》有“去国怀乡，忧谗畏讥”之语。又指说坏话的人，如《荀子·成相》：“远贤近谗，忠臣蔽塞主势移。”

“馋”从食(饣)，本义为贪吃。白居易曾自嘲：“山妻未举案，馋叟已先尝。”引申为贪图、羡慕，如“眼馋”“看见有人踢球他就馋得慌”。又指诱发人产生想吃、想做或想得到的念头，如“他呼噜呼噜地吃着面条，真馋人啊”。

“谗”和“馋”，前者和言语有关，后者与吃喝相关，不能混用。

貂婵(蝉)

错例

“闭月”是貂婵的代称。她是汉献帝的大臣司徒王允的歌伎,能歌善舞,很受王允的宠爱。

辨析

“貂婵”当为“貂蝉”。错例系不明典故所致。

貂蝉是古典小说《三国演义》中的人物,也是中国民间传说中的古代四大美女之一。由于“婵”的字义为女子姿态美好,很多人便想当然地将这位美女的名字写作“貂婵”。实际上,“貂蝉”才是正确的写法。

古人认为,貂与蝉都是美好之物:貂毛色美丽而不炫目,外表温顺而内在刚劲,意寓臣子有文而不自耀,有武而不示人;蝉居高饮洁,清虚识变,象征着臣子洁身自爱、谦卑自牧而又通权达变。因此,古代王公显宦的礼冠常用貂尾和蝉纹来装饰,既是一种等级徽识,也有鞭策臣子的作用。这种官帽被称作“貂蝉”,始于先秦,汉代仍沿用。据《后汉书·天文志》记载,东汉顺帝时,中常侍张逵等人企图矫诏作乱,事情败露后,这伙人“各奔走,或自刺,解貂蝉投草中逃亡”。“解貂蝉”就是摘下官帽的意思。

小说中,貂蝉生活在东汉末年,为司徒王允家的歌伎。给她取这样一个名字,或许是为了彰显其主人的高贵身份。

万古常(长)青　四季长(常)青

错例

①他们祝愿中希友谊万古常青,世代相传。

②茶树四季长青,山上山下,房前屋后,就连家家户户自留地上也都种茶。

辨析

“万古常青”“四季长青”当为“万古长青”“四季常青”。错例系读音相同、意义混淆所致。

“长”在甲骨文中为人披长发之形,以具体表抽象,义为距离远、时间久。《说文》:“长,久远也。”像“地久天长”“长年累月”“长命百岁”“溘然长逝”等词语中的“长”都是长久、永久的意思。而“常”在古汉语中与“经”和“恒”义近,表示经久不变的、恒定不变的等含义。如“伦常”指封建社会宣扬的所谓恒久不变的人与人之间的关系准则,“常数”指固定不变的数值,“人生无常”则是感慨人生充满变化。由此可见,“长青”和“常青”的意义是不同的。

“万古”极言时间之久远,与“长青”搭配才合适;“万古长青”比喻崇高的精神或深厚的友谊永远像春天的草木一样欣欣向荣。“四季”尽管也指时间,但跨度不大,且暗含交替变化之意,与恒常不变之“常”在语义上刚好形成对比;“四季常青”的意思是,无论季节如何更迭流转,松柏等树木始终是郁郁苍苍的,不枯黄,不凋零。

寥若辰(晨)星

错例

在古代西方，苏格拉底、柏拉图既是哲学家，也是教育家。这样的教育家寥若辰星，但他们的影响源远流长。

辨析

“寥若辰星”当为“寥若晨星”。错例系读音相同所致。

“寥若晨星”的意思是稀少得像早晨的星星，极言数量之少。早晨太阳升起后，强烈的阳光将天空照得十分明亮，星光变得暗淡，肉眼能看到的星星也就寥寥无几了。因此常用“晨星”比喻稀少的人或物。《元史·伯颜传》：“(伯颜)导从之盛，填溢街衢，而帝侧仪卫反落落如晨星。”这里的“落落”指稀少的样子，和“寥寥”义近。

至于“辰星”，则是古人对水星或二十八宿之一的心宿的别称；而比较常见的“星辰”一词是对星的通称，如李商隐《无题》：“昨夜星辰昨夜风，画楼西畔桂堂东。”

可见，只有“晨星”才能与“寥”相呼应，“寥若辰星”或“寥若星辰”都是不合事理的。

相辅相承(成)

错例

量子化学就其内容可分为基础理论、计算方法和应用三大部分。三者之间相辅相承。

辨析

“相辅相承”当为“相辅相成”。错例系读音相同所致。

“相辅相成”指的是事物之间具有同一性，相互配合，相互促成，如“努力与天分相辅相成，则成功在望”。“相辅相成”的“成”指促成、成全，用的是本义。《说文》：“成，就也。”

至于“承”，这是一个会意字。金文字形为，上面一个人，下面两只张开的手，有人认为这是对接生场景的形象描绘，本义当为捧、受。后来由承受引申出承接、接续之义。成语有“承上启下”。“相承”即相接，可表示空间上的相互毗邻，如班固《西都赋》：“名都对郭，邑居相承。”也可表示时间上的先后接续，如《旧唐书·志第六》：“自魏、晋及宋、齐、陈、隋相承，始受命之君皆立庙，虚太祖之位。”

总之，“成”是主动促成，“承”是被动接受，二者意义完全不同。

不曾（承）想

错例

上任一年的吴小平与刚招募来的33位环境义务监督员座谈沟通，不曾想“沟通会”变成了“批评会”。

辨析

“不曾想”当为“不承想”。错例系读音相近、意义混淆所致。

“不承想”与“不曾想”意思不同。《现代汉语词典》收录了“承想”这一词条，释作“料想”或“想到”，多用于否定式，即“没承想”“不承想”“谁承想”等，表示出乎意外。例如：“明天要演出，所以昨天提前把戏台搭好了，没承想让雨水压倒了顶棚。”又如：“返乡创业，也就是想着家乡用工成本低，亲戚朋友多。谁承想，2008年的金融危机影响到了销售。”“不承想”也可写作“不成想”，但前者为首选词形。

“不曾”是对“曾经”的否定，表示行为或情况没有发生过。“不曾想”就是“没想过”，后面经常要接“起”“过”“到”等补语，如“命在旦夕时，我不曾想到死”，“可惜当时竟不曾想起拿支笔，将那些充满灵气的语言记录下来”，“以这样的恶意去推测，善良的人恐怕是想都不曾想过”。

简而言之，“不承想”应理解为“不＋承想”，表示没有料到；“不曾想”则应解释为“不曾＋想（到）”，表示过去从来没有想过。

松驰（弛）

错例

最理想的坐姿是脊椎骨挺直但却不僵硬，因为只有这样，你才能在松驰状态下维持警觉性。

辨析

“松驰”当为“松弛”。错例系读音相同、字形相近所致。

“弛”从弓，本指放松弓弦；反义词为“张”，拉紧弓弦的意思。东方朔《七谏·谬谏》：“弧弓弛而不张兮，孰云知其所至？”后来，“弛”引申为放缓、懈怠之义，与“松”义近，构成并列式合成词“松弛”；而“张”引申出收紧、增强之义，与“紧”意义相近，可组成“紧张”一词。“松弛”与“紧张”仍是一对反义词。

“驰”从马，本指策马快奔，与“驱”义近，故有“驱驰”一词。

引申指快跑、疾行，成语有“背道而驰”“风驰电掣”。由跑得快引申为传播，如“驰名中外”。进而喻指向往，如“心驰神往”。写作“松驰”于理无据。

令人不耻(齿)

错 例

疫情当前，还有一些不良商家趁火打劫发国难财，令人不耻。

辨 析

“令人不耻”当为“令人不齿”。错例系误解词义所致。

“齿”的本义为牙。牙齿是辅助发音的器官，故而引申出说起、提及之义，如“难于齿及”“不足齿数”。牙齿的特点是排列整齐有序，于是又引申指并列、视为同类，如“齿列”。“不齿”就是不愿提起或不愿与之同列，表示极其鄙视，如韩愈《师说》：“巫医乐师百工之人，君子不齿。”

“耻”原本从心，异体写作“恥”，意思是羞愧，如“恬不知耻”。“耻”本为形容词，在文言文中有时活用作动词，如“不耻”就是“不以……为耻”，“不耻下问”即不把向学问或地位不如自己的人请教视为羞耻之事。这属于形容词的意动用法。

此外，“不齿”多见于“(为)……所不齿”或“不齿于……”的被动句式，如“(为)乡里所不齿”亦可表述为“不齿于乡里”；而“不耻”常见于主动句，如“不耻最后”“不耻恶衣恶食”。

“令人不齿”才是正确说法。

一愁(筹)莫展

错例

处于逆境中的昆剧界,面对艰难复杂的局面,并没有消极彷徨,一愁莫展。

辨析

“一愁莫展”当为“一筹莫展”。错例系误解成语所致。

“一筹莫展”是个成语,其中的“筹”是中国古代的一种计数工具,也叫算筹、算签。根据史书记载和考古发现,它实际上是一根根粗细长短相同的小棍或小片,二三百根集为一束,收在囊中,需要计数时便取出来。这种物件最初是用竹子制成的,所以“筹”是竹字头。由于和计算有关,“筹”引申为筹划、算计、谋略、办法。《史记·高祖本纪》:“夫运筹策帷帐之中,决胜于千里之外,吾不如子房。”这里的“策”也是一种计数工具,形状与“筹”类似;“筹策”即计策。

“一筹莫展”就是一个计策也想不出来,与“束手无策”“计无所出”义近。误写作“一愁莫展”,大概是受词语“愁眉不展”的影响。

相形见拙(绌)

错例

在奥古斯丁以前的基督教世纪里,斯多葛学派和新柏拉图主义者在哲学的才能方面使教父们相形见拙。

辨 析

“相形见拙”当为“相形见绌”。错例系字形相近所致。

“绌”与“拙”都是形声字，声符均为“出”，形符则各异。

“绌”音 chù，形符为“糸（纟）”，表示与织物有关。《说文》：“绌，绛也。”“绛，大赤也。”本义为深红色。后来这个意思废弃不用，开始表示短缺、不足之义，如“财匮力绌”。“绌”常与表示不足的单音节语素构成同义复合词，如“短绌”“窘绌”“绌乏”；也可与表示赢余的单音节语素组成反义复合词，如“赢绌”“盈绌”等。

“拙”音 zhuō，形符为“手（扌）”，表示与手部动作有关。本义为手不灵巧，与“笨”义近，与“巧”相反，故有“笨口拙舌”“弄巧成拙”“大巧若拙”“巧妻常伴拙夫眠”的说法。

“相形见绌”的意思是，跟另一人或另一事物比较起来显得远远不如。显然，此处应该用“绌”，用“拙”难达其意。

穿（川）流不息

错 例

这里是多么繁华热闹呀！琳琅满目的商店，五光十色的彩灯，穿流不息的人群……

辨 析

“穿流不息”当为“川流不息”。错例系误解成语所致。

“川”，象形字，甲骨文字形为，象弯弯曲曲的河道中流动的水。《论语·子罕》：“子在川上曰：‘逝者如斯夫，不舍昼夜。’”这里的“川”就是指河流、水道。“川流不息”是形容车马、行人等像水流一样连续不断。这是一个含有比喻修辞手法的成语。“川”作状语，表示“像河流一样”。这种普通名词作状语的语法现象在古汉语中十分常见。

“穿”，会意字，以牙在穴中会将某物咬出孔洞之意，有穿透、贯穿、通过的意思。“穿流”即穿过、流过。清《静乐县志》：“两山对峙，汾水穿流。”

“川流不息”写作“穿流不息”，便失去了比喻色彩，与该成语的含义也大相径庭。

笔耕不缀(辍)

错 例

老先生八十九岁高龄了，仍腰不弯、背不驼、眼不花，笔耕不缀，积极参加社会活动。

辨 析

“笔耕不缀”当为“笔耕不辍”。错例系字形相近所致。

“缀”读 zhuì，“辍”读 chuò。这两个字虽读音不同，但右边都是“叕”，因而很容易混淆。“叕”实际上是“缀”的本字，金文写作，象线绳交络连接，表示连缀、缝合的意思。后来，“叕”成为构字部件，其本义用添加了形符“糸”的新造字“缀”来表示。《战国策·秦策一》：“缀甲厉兵，效胜于战场。”姚宏注：“缀，连也。”“缀甲”即缝制甲衣。由连缀引申为组合字句篇章、写作，如“缀字成文”。又引申为装饰，如“点缀”。

再来看“辍”。“辍”从车。有学者认为，这里的“车”指的是“覆车”，即古代一种有辕、有网的捕鸟装置。按《说文》的解释，“辍”的本义是覆车的网略有破损，而后又缝合起来。由此引申出中断、暂停之义，如“辍学”。“不辍”即不停。“笔耕不辍”指从未中断写作。没有“不缀”的说法。

吹毛求刺(疵)

错例

在种种不文明现象面前,做一个吹毛求刺、勇于挑刺的文明守门人,而不是成为沉默的大多数中的一员,是一个当代公民应有的素养。

辨析

“吹毛求刺”当为“吹毛求疵”。错例系读音相近所致。

“疵”读 cī,病字头,本义与疾病有关。《说文》认为,“疵”就是“病”的同义词,“疵,病也”。引申指缺点、缺陷,如“瑕疵”。《韩非子·大体》中有这样一句话:“不吹毛而求小疵,不洗垢而察难知。”这句话用了互文修辞手法,“小疵”与“难知”相呼应,表示细微的、比较隐秘的缺陷。正因为难以发现,所以要吹开皮上的毛来仔细寻找。后来,这句话浓缩为成语“吹毛求疵”,比喻刻意挑剔别人的过失或缺点。

“刺”读 cì,作名词时,泛指像针一样尖锐的东西,如“鱼刺”“芒刺在背”;也指皮肤上小而尖的凸起物,如“粉刺”。与“疵”相比,“刺”一般是比较明显的,容易被发现的。“吹毛求刺”说不通。

触(促)膝谈心

错例

他走家串户,触膝谈心,寻求职工的支持,寻找扭亏的良策。

辨析

“触膝谈心”当为“促膝谈心”。错例系读音相近所致。

“促”读 cù,本义为时间短,如“早知人命促,秉烛夜行游”。引申指紧迫、赶快,常用词有“急促”“仓促”等。又由时间短暂引申指空间距离靠近。左思《蜀都赋》云:“合樽促席,引满相罚。”“促席”即坐席互相靠近。“促膝谈心”也作“促膝而谈”,意谓膝盖对着膝盖坐着,面对面谈心里话。

“触”读 chù,古文字从牛,从角,本义为用角相抵。《说文》:“触,牴也。”引申指碰、撞,如韩非子《五蠹》:“兔走触株,折颈而死。”又引申指挨上、碰上,如“触电”“接触”,成语有“触手可及”“一触即发”“触目惊心”等。

显然,“促”仅仅是靠近,并没有接触在一起,“促膝”和“触膝”意思完全不同;另外,“促膝谈心”是成语,具有稳定性,不可随意更改。“触膝谈心”是错误写法。

烟囱(囱)

错例

思嘉从黑黝黝的树底下看过去,可以隐隐约约看出几根阴森森的大烟囱还在寂静的废墟上矗立着,她心里责怪威尔,怎么把车停在这样一个地方。

辨析

“烟囪”当为“烟囱”。错例系字形相近所致。

“囱”读 cōng,是个象形字,古文字写作,象带有挡条的采光通风孔。《说文》:“在墙曰牖(yǒu),在屋曰囱。”意思是,开在墙上的叫“牖”,开在屋顶的叫“囱”。可见,“囱”的本义是天窗,

后来转指屋顶上的烟囱。《玉篇》:"囱,通孔也,灶突也。""囱"成为烟囱的专用书写符号后,其本义便用添加了形符"穴"的新造字"窗"来表示。

"囟"读 xìn,也是个象形字,古文字形为⊕,本义是囟门,即婴儿头顶骨未合缝的地方,在头顶的前部中央。从囟取义的字,多与头脑等义有关,如"脑(腦)"。"思"字的上半部分"田",其实是"囟"的讹变。

"囱"和"囟"字形十分相近,须要区分的是:"囱"的里面是"夕",由三根交叉的挡条演变而来;"囟"的里面是"㐅",表示颅缝会合处的空隙。

往上窜(蹿)

错例

夏至一过,那温度直往上窜。

辨析

"往上窜"当为"往上蹿"。错例系音近形似、意义混淆所致。

"窜"读 cuàn。篆文上面为"穴",下面为"鼠",本指老鼠逃入洞中躲起来。引申指逃匿、乱跑,多用于兽类、匪徒、敌军等,往往含有贬义,如"抱头鼠窜""东奔西窜""狼狈逃窜"。

"蹿"读 cuān,是"窜"的加旁分化字。本义为向上或向前跳,如"松鼠一下子蹿上了树""火苗从一楼蹿上三楼"。旧武侠小说中常见"蹿房越脊"一词,多用来形容侠士、盗贼等跳上房顶,在上面疾走。引申指跃行、猛冲,如"一个箭步蹿了出去"。也比喻向上猛长或迅速攀升,如"个子蹿到了一米八""气得血压都蹿高了""他凭借这部戏一夜之间蹿红影坛"。

"往上蹿"强调动作方向是向上的,只能用"蹿"。

精萃(粹)

错例

图书馆是知识的宝库,里面蕴藏着人类文明的精萃,向一切学习和探索的人们提供着数不尽的财富。

辨析

"精萃"当为"精粹"。错例系读音相同、意义混淆所致。

"粹"和"萃"均读作 cuì。"粹",形符为"米",本指纯净无杂质的米。后泛指纯净、不掺杂其他成分,如"纯粹""粹而不杂"。又引申指事物最重要、最美好的部分,如"国粹"就是指一个国家固有文化中的精华。"精"也是米字旁,其本义为挑选过的好米、上等细米,与"粹"义近,因此二者构成同义复合词"精粹"。

"萃",形符为"草(艹)",本指草木丛生的样子,《集韵》:"萃,草盛貌。"引申为聚集。文天祥《〈指南录〉后序》:"缙绅、大夫、士萃于左丞相府,莫知计所出。"常见词语有"萃聚""萃集""群英荟萃"等。聚在一起自然会形成一个群体,于是又引申指群、类,如成语"出类拔萃"就是品德或才能超出同类的意思。"萃"没有"精华"的含义,"精萃"是错误写法。

D

百战不怠(殆)

错例

既然挫折难以避免，那就直面它，拥抱它，好好地了解它。正所谓，知己知彼，百战不怠。

辨析

“百战不怠”当为“百战不殆”。错例系误解成语所致。

“殆”和“怠”均读作 dài。“殆”从歹(è)。“歹”的甲骨文字形象有裂缝的残骨，以“歹”为形符的字多与死亡、坏、不祥等义有关，如“死、残、歼、殃、殇、殍、殓”，等等。“殆”的本义为危险、危亡，如《论语·微子》：“已而已而，今之从政者殆而!”成语“百战不殆”出自《孙子·谋攻》：“知彼知己者，百战不殆。”意思是，若能了解敌我双方情况，即使经历许多次战役，都不会有败亡的危险。形容善于用兵。

“怠”从心，与心理活动有关，本指轻慢、不恭敬，如“怠慢”。引申为松懈、懒惰。宋濂《送东阳马生序》：“天大寒，砚冰坚，手指不可屈伸，弗之怠。”常用词语有“懈怠”“惰怠”“消极怠工”等。

也指疲倦，如“倦怠”。

“殆”和“怠”含义不同，不可混用。

责无旁代（贷）

错例

祖国的繁荣和富强我们每个人都责无旁代。

辨析

“责无旁代”当为“责无旁贷”。错例系读音相同所致。

“贷”，形符为“贝”。古时曾以贝壳为货币，故从贝的字多与钱财有关。“贷”的本义是借钱给别人。《庄子·杂篇·外物》：“我将得邑金，将贷子三百金，可乎？”后泛指施予、给予。《左传·文公十六年》：“宋公子鲍礼于国人，宋饥，竭其粟而贷之。”由施予引申为强行施加。成语有“责无旁贷”，意思是不能把自己应尽的责任强行推给旁人。

“代”用作动词时，表示更迭、替换，如“取而代之”“代人受过”“李代桃僵”等。写作“责无旁代”解释不通。

以逸代（待）劳

错例

以逸代劳的上海申花队在主场1∶0战胜此前7场不败的辽宁波导队，夺得了宝贵的3分。

辨析

“以逸代劳”当为“以逸待劳”。错例系误解成语所致。

“以逸待劳”出自《孙子·军争》:“以近待远,以佚(通“逸”)待劳,以饱待饥,此治力者也。”“逸”,安闲;“待”,等待;“劳”,疲惫。该成语的意思是,让自己的军队养精蓄锐,等候从远方赶来的敌军,然后乘对方疲惫之时给予迎头痛击,以达到消灭敌军的目的。

“以逸待劳”的“待”不能写作“代”。“代”的本义为以此易彼。若写成“以逸代劳”,意思就会变成“以安逸代替辛劳”,这无异于“好逸恶劳”。致误的原因,可能是受汉语中“以×代×”结构的四字短语的影响,如“以赛代练”“以奖代补”“以干代学”等;也可能是将“待劳”误解作同音词“代劳”。“代劳”指代人做事或请人替自己办事,与战术无关。

带(戴)罪立功

错例

一方面,他要接受批判,同时,一些技术上的难点还得由他指点,算是“带罪立功”吧。

辨析

“带罪立功”当为“戴罪立功”。错例系读音相同、意义混淆所致。

“戴”和“带”这两个动词很容易混淆。从具体含义来看,“戴”表示把东西放在头、面、颈、胸、臂等处,如“戴头巾”“戴口罩”“戴项链”“戴胸针”“戴手表”等;而“带”是随身拿着、携带,如“带身份证”“带钥匙”。

再从动作的接受对象来看:①“戴”的东西一定能放在身上,如耳环、眼镜;而“带”的东西不一定能放在身上,如行李、包裹。

②“戴”某样东西是为了使用,一“戴”好就进入使用状态;而“带”东西却未必是马上要使用,也许是备用,也许是要送到别处。比如,“戴帽子”是把帽子放到头上,或遮阳,或保暖,或装饰;而“带帽子”则是随身携带帽子,可能拿在手里,也可能放在包里,可能会用到,也可能不用。

“戴”由以头顶物引申泛指抽象的顶着。梁启超《少年中国说》有“天戴其苍,地履其黄”一语,意谓头顶青天,脚踏黄土。成语“不共戴天”指不愿与仇敌顶着同一方天空。“戴罪立功”是说背负着罪名建立功劳,借以赎罪,所以要用“戴”。

独挡(当)一面

错 例

凭着工作上的吃苦精神和对技术活儿的一股钻劲,他成为独挡一面的能手,多次协助总厂解决生产的难题。

辨 析

“独挡一面”当为“独当一面”。错例系误解成语所致。

成语“独当一面”出自《史记·留侯世家》:“而汉王之将,独韩信可属大事,当一面。”本指单独指挥军队,担当一个方面的军事任务;后来多指单独负责某一方面的工作,如“他进步很快,进公司不到一年就可以独当一面了”。“当”在这里读作 dāng,是担当、主持、掌管的意思,如“当家”即操持家业,“当政”即执掌政权,“当国”即主持国事。“独当一面”的“当”不能写成“挡”。

“挡”读 dǎng,本义为阻拦、拦住,如“兵来将挡,水来土掩”。引申指遮蔽,如“山高挡不住太阳”。用作名词,指遮挡用的东西,如“风挡”。“独挡一面”为不规范写法。

变速档（挡）

错例

这辆车采用前驱动装置，有5个变速档，最高时速170公里，车型有四门、五门两种，是理想的家用轿车。

辨析

“变速档”当为“变速挡”。错例系读音相近、字形相似所致。

“挡”读dǎng，从手（扌），通常用作动词，表示阻挡、阻拦；作名词时，是“排挡”的简称。所谓“排挡”，是指汽车、拖拉机等用来改变牵引力的装置，可以改变行车速度或倒车。大多数和汽车挡位相关的词语都应该使用提手旁的“挡”，如“变速挡”“倒车挡”“停车挡”“换挡”等。

“档”读dàng，从木，本指器物上用以分格和支撑的横木条，如“床档”“桌子的横档”。后来转指存放案卷的橱柜及案卷本身，如“归档”“档案”。

由于木字旁的“档”是名词，而提手旁的“挡”主要作动词用，因此，在表示“变速挡”这个名词概念时，很多人都会选用“档”。大概这也是致误的一个原因吧。

大排挡（档）

错例

三亚市决定对在大东海开展潜水旅游活动的企业实行统一

管理，统一价格；并对全市大排挡的海鲜价格实行明码标价，严厉打击欺客、宰客行为。

辨析

“大排挡”当为“大排档”。错例系读音相近、字形相似所致。

“大排档”是指设在路边或广场上成列的售货摊点（多为餐饮摊点）。关于这个名称的来历，主要有两种说法。一说“大排档”原称“大牌档”，因摊点须将有关部门发放的大号牌照裱装悬挂而得名；由于“排”与“牌”同音，不少人将“大牌档”误解作“一大排人吃饭”，遂写作“大排档”，此后以讹传讹，竟成标准写法。一说“排档”源于古语“排当”：“排”，安排；“当”通“档”，指存放食物的架子。“排当”本指把酒食放在架上备用，如《武林旧事·卷二》：“大抵内宴赏，初坐，再坐，插食盘架者，谓之‘排当’。”后来“排当”引申为举办宴席；如今又用来表示露天的饮食摊点。

无论来源如何，此种经营方式始于香港地区，在粤语中“档”有“店”和“摊”的意思，而“挡”的意思是阻拦、遮蔽，因此“大排档”不能写成“大排挡”。

红的（得）发紫

错例

如今可以叫作传媒时代，任何风潮可以在一夜之间传遍世界的每一个角落，因而传媒红人无不红的发紫。

辨析

“红的发紫”当为“红得发紫”。错例系不明语法所致。

报刊上结构助词“的/地/得”混用的现象屡见不鲜。不少人认为,“的”用在名词前面,“地”用在动词前面,“得”用在形容词后面。这种说法不够准确。

在现代汉语中,为了区分附加成分和中心语之间的结构关系,普通话里的助词“de”,在书面语里一般写成三个字:在定语后面写成“的”,如“我的母亲”“美好的未来”;在状语后面写成“地”,如“合理地安排时间”“认真地工作”;在补语前面写成“得”,如“高兴得手舞足蹈”“累得气喘吁吁”。在“红 de 发紫”这个短语中,“红”是中心语,“发紫”是补充说明其程度的补语,两者之间应该用“得”来连接。“的”连接的是定语和中心语,而“地”连接的是状语和中心语。

真缔(谛)

错例

阿根廷青年奥拉西奥·奥里维拉为了追求人生的真缔,来到了巴黎。

辨析

“真缔”当为“真谛”。错例系读音相同、字形相近所致。

“谛”,言字旁,本义为细察、详审,如《关尹子·九药篇》:“谛毫末者,不见天地之大;审小音者,不闻雷霆之声。”引申为仔细,“谛听”即注意地听,“谛思”即仔细思考。细察是为了探寻事情的真相,所以佛教传入中国后,便用“谛”来表示佛教中所说的“真实无谬的道理”(即梵语“satya”),如“真谛”“苦谛”。“真谛”本为佛教术语,后来泛指最真实的意义或道理,如“寻找人生的真谛”“幻想与抽象是艺术的真谛”。

“缔”,绞丝旁,本义为结在一起,是一个动词性语素,如“缔交”“缔约”“缔结贸易协定”“取缔”等。“缔”与道理、真理毫无关系。

提心掉(吊)胆

错例

高考结束后，我一直拒绝看任何标准答案，因为觉得没有道理让自己提心掉胆，并且对了答案也对已经结束的考试没有半点意义。

辨析

“提心掉胆”当为“提心吊胆”。错例系读音相同所致。

“吊”可以表示将物体悬在空中，如“打吊瓶”“门口吊着灯笼”；也可表示使物体向上移动，如“把水泥吊到楼顶上去”“你这么一说，倒把我的胃口给吊起来了”。《红楼梦》中描写王熙凤“一双丹凤三角眼，两弯柳叶吊梢眉”，所谓“吊梢眉”就是末端上挑的眉毛。

再来看“掉”。“掉”的常用义为坠落，如“掉眼泪”“天上掉馅饼”“笔掉到了桌子底下”。可见，“掉”是一个向下的动作，而“吊”通常表示向上的动作。

“提心吊胆”的意思是心、胆等五脏六腑全都悬在半空中，夸张地描绘出一个人担心、害怕的心理状态。倘若写作“提心掉胆”，就变成心提上来，胆掉下去，原本紧张不安的气氛被破坏殆尽，词义也变得含糊不清、不知所云。

半调(吊)子改革

错例

该省的养老金“并轨”被称为“半调子改革”。事业单位干部职工与普通企业职工一样，按月缴纳养老保险费；但退休时，待遇依旧按原有标准执行。

辨析

“半调子改革”当为“半吊子改革”。错例系不明典故所致。

“半吊子”是一种诙谐的说法。“吊”用作量词，为旧时钱币单位。一般来说，一千枚铜钱串在一起为一吊，半吊即五百枚铜钱。由于“半吊子”不满串、不够数，因此常用来嘲讽知识不丰富或技艺不熟练的人，与熟语“半瓶醋”类似，如“凭我的半吊子英文水平，根本看不懂这篇文章”。也指不通情理、说话随便、举止不沉稳的人。还可用来形容不完全或有始无终的事物，如瞿秋白《再论翻译》：“自然，这所谓白话，还只是半吊子的白话，这是文言本位的掺杂一些白话。”“半吊子改革”通常指不彻底的、半途而废的改革，也指未经深思熟虑的、弊端丛生的改革，如“洋务运动是一场难以打破封建壁垒的半吊子改革”。

“半吊子”属于惯用语，其结构、意义都比较稳定，不宜写作“半调子”。

调(掉)以轻心

错例

高血压患者一旦发生眩晕，切莫调以轻心。

辨析

“调以轻心”当为“掉以轻心”。错例系读音相同所致。

“掉”的常用义为“落下”，如“书掉到了地上”“枯黄的叶子从树上掉了下来”；但在成语“掉以轻心”中，“掉”用的是另外一个义项。《说文》：“掉，摇也。”“掉”的本义为摇动、摆动，如《史记·淮阴侯列传》：“且郦生一士，伏轼掉三寸之舌，下齐七十余城。”成语有“尾大不掉”，意思是尾巴太大就不容易摆动；如今常用来比喻机构臃肿，指挥不灵。由摆动引申出摆弄、卖弄之义。比如，“掉书袋”就是嘲讽那些喜欢引经据典、卖弄学问的人。“掉以轻心”出自柳宗元《答韦中立论师道书》：“故吾每为文章，未尝敢以轻心掉之。”意思是以轻率之心摆弄它，即不当一回事、不重视。

“调”读 diào，用作动词时，有更换、安排的意思，如“调职”“调兵遣将”；还可表示查访，如“调研”“调查”等。“调以轻心”解释不通。

迭(跌)宕起伏

错例

中国选手在本届奥运会上表现出非凡的坚毅品格和果敢意志，在迭宕起伏、紧张万状的赛事进程中，或处乱不惊，或力挽狂澜，展示了中国人的志气、风格、潜力和水平。

辨析

“迭宕起伏”当为“跌宕起伏”。错例系读音相近所致。

“跌”从足，本义为失足摔倒，由此引申出举止失当、放纵等义。“宕”从宀(mián，房屋)，从石，本指石室、洞屋。洞屋通透、空阔，故而引申出不受拘束、放荡的意思，如苏轼《王子立墓志铭》："人人自重，不敢嬉宕。""跌宕"表示行为放浪不羁；也用来形容文章或音乐作品不拘一格，富于变化，如"乐曲跌宕起伏""这部小说情节跌宕"。

"迭"音 dié，有更换、轮流的意思，如"更迭"；也可表示行为多次发生，如"战争迭起"。"跌宕起伏"不能写作"迭宕起伏"。

顺便说一下，在文言文中，"跌宕"还可写作"跌踼（táng）""跌荡"等。有人认为，"跌宕"是一个双声联绵词。

变故叠（迭）生

错例

革命成功未久，变故叠生。内部初则有袁世凯帝制自为，继则有北洋军阀的混战；外部则帝国主义者的经济侵略日益加紧。

辨析

"变故叠生"当为"变故迭生"。错例系读音相同、字义混淆所致。

"叠"，会意字，金文字形象食物堆放在砧板上，表示叠加、重复，如"重叠""叠罗汉"，成语有"叠床架屋""层峦叠嶂"。"叠"与"重"是同义语素，《一切经音义》卷九引《苍颉篇》："叠，重也。"可见，"重叠"是同义复合词。

"迭"的本义是轮流、交替，如"朝代更迭""寒暑迭变"。引申用作副词，表示行为多次发生或情况重复出现，相当于"屡次、连续"，如"高潮迭起""迭声喝彩"。

不难发现，在现代汉语中，"叠"与"迭"有着明确的分工：前者从空间关系着眼，强调的是上下相加；后者从时间关系着眼，表示前后承继。“变故迭生”才是正确写法。

最后通碟（牒）

错 例

法国总理萨罗和外交部长弗朗丹想通过调动军队和发出最后通碟来制止希特勒。

辨 析

“最后通碟”当为“最后通牒”。错例系读音相同、字形相似所致。

“牒”和“碟”都是形声兼会意字。“牒”，左边为“片”，指木片；右边的声符“枼”有薄的意思；左右合在一起，表示古代书写用的小而薄的木片。引申指簿册、书籍、证明文件等。如“谱牒”指记述氏族或宗族世系的书籍，即家谱；“军牒”指军中的文书；“度牒”为旧时官府颁发给出家人的证明其身份的文件；“通牒”则是一个国家通知另一个国家并要求对方答复的外交文书——如果这种文书是限在一定时间内答复，未收到答复则将使用武力或采取其他强制措施，就称为“最后通牒”，也叫“哀的美敦书”（ultimatum 的音译）。

“碟”，左边为“石”，与“枼”合在一起，表示用石陶制成的浅而扁的器皿。碟用于盛放食物或调味品，与文书、证件毫无关联。

大名顶顶(鼎鼎)

错例

大名顶顶的运动鞋大王菲尔·耐特，在不到10年的时间里，使耐克公司由一家输入日本运动鞋的小进口商，一跃而成为美国头号的运动鞋制造厂商。

辨析

"大名顶顶"当为"大名鼎鼎"。错例系读音相同致误。

"鼎"，象形字，指古代一种三足两耳的炊具。成语有"人声鼎沸"，形容人声嘈杂，像鼎中的水烧开了一样。这表明鼎是用来烹煮的食器。夏商周三代，鼎常被置于宗庙，作为铭功记绩的礼器。另外，鼎还是立国重器。相传大禹平水患、划九州后，又铸成九鼎，用来象征九州。于是，鼎成为王权至上、国家统一的象征，如"问鼎"便是指图谋夺取政权。由此，"鼎"引申出显赫、盛大之义，"大名鼎鼎"即声名显赫。

"顶"，形声字，从页(头部)，本义为头顶。后泛指物体的最上部，如"山顶""屋顶"。又引申为程度副词，相当于"很、极"。"顶顶"就是极其的意思，多见于方言、口语，如"这孩子顶顶聪明"。

渡(度)假村

错例

眼下他们又把目光投向第三产业，正在与外商合作兴建一处海滨渡假村和一处水上贸易市场。

辨析

“渡假村”当为“度假村”。错例系读音相同、意义混淆所致。

“度”和“渡”是母字与分化字的关系。“度”出现较早，本义是测量、丈量。古时多用手或手臂来测量长度，《孔子家语》中便有“布指知寸，布手知尺，舒肘知寻”的记载，因此“度”的形符为“又”——“又”在古文字中为伸手抓持的样子，其本义就是手。测量长度时须由此及彼，于是引申出越过空间之义，如“不教胡马度阴山”“春风不度玉门关”。又引申出越过时间的意思，如“度日如年”“虚度光阴”等。“渡”由“度”派生出来后，分担了“度”的越过空间这一义项。

因此，在现代汉语中，与表示空间的词语搭配，要用“渡”，如“渡江战役”“渡过难关”；与表示时间的词语搭配，宜用“度”，如“度假村”“欢度春节”。

E

闻名遐尔(迩)

错 例

“达坂城的石头硬又圆哪，西瓜大又甜；达坂城的姑娘辫子长呀，两个眼睛真漂亮……”小小达坂城，因这首新疆民歌闻名遐尔。

辨 析

“闻名遐尔”当为“闻名遐迩”。错例系读音相同致误。

“遐”指距离远，“迩”指距离近，二者是一对反义词。《尚书・太甲下》：“若陟遐，必自迩。”意思是走远路要从近处开始。“闻名遐迩”是一个成语，意思是名气很大，远近的人都知道。

“尔”的主要义项为：①第二人称代词，相当于“你”，如“尔虞我诈”，杜甫诗“尔曹身与名俱灭，不废江河万古流”；②指示代词，相当于“如此、这样”，如“不过尔尔”，陶潜诗“问君何能尔，心远地自偏”；③指示代词，相当于“这、那”，如“尔日”即这天或那天；④句末助词，同“耳”，相当于“罢了、而已”，如《欧阳文忠公文集・归田录》：“我亦无他，唯手熟尔。”⑤形容词、副词后缀，如“卓尔不群”“莞尔而笑”。“闻名遐尔”不可解。

F

防犯(范)

错例

具有火灾危险的场所禁止动用明火,确需动用明火作业时,必须事先向安监部门办理审批手续,并采取严密的防犯措施,切实保证安全。

辨析

“防犯”当为“防范”。错例系读音相同致误。

“防”的本义是堤坝,《管子·度地》:“大者为之堤,小者为之防。”“范”用作“範”的简体时,本义为框架、模子。沈括《梦溪笔谈·活板》:“欲印,则以一铁范置铁板上,乃密布字印,满铁范为一板。”“铁范”即铁模子。堤坝能防止水漫流,模子则能使物体具有一定的形状,二者都有约束事物的作用,故而“防”“范”联合成词,表示制约、防备的意思。《东周列国志》第一百〇六回:“城中见秦兵退去,防范稍弛,日启门一次,通出入。”

“犯”作动词时,表示侵犯、侵害,如“秋毫无犯”,“人不犯我,我不犯人”,“井水不犯河水”;也表示违背、违反,如“犯规”“犯法”,成语有“作奸犯科”“犯上作乱”等。“防犯”说不通。

防(妨)碍

错例

教养的基础，是理解和尊重，同时不防碍他人。

辨析

“防碍”当为“妨碍”。错例系读音相同、字形相近所致。

“防”从阜(左耳旁)。“阜”的甲骨文字形为，象山崖边的阶梯，所以形符为“阜”的字，本义多与升降、山丘、壁障等有关。“防”本指防水的堤坝。引申用作动词，表示守御、戒备，如“防线”“防卫”“猝不及防”“防微杜渐”。

“妨”从女。旧时女性社会地位低下，不少女字旁的字都含有贬义色彩，如“妒”“奸”“婪”等。“妨”也是如此，本义为损害、伤害，如《国语·越语下》：“王若行之，将妨于国家，靡王躬身。”后引申为阻碍，使事情不能顺利进行。我们平时所说的“不妨”“无妨”就是没什么影响、可以这样做的意思，如“你不妨去碰碰运气”“有话但说无妨”。

可见，“妨”是对人或物造成伤害，“防”则是防止受到某种伤害。“妨碍”即干扰，对事情造成消极影响，因此只能用“妨”。

成绩蜚(斐)然

错例

多年来，他从事音乐美学和音乐历史教学，成绩蜚然，桃李满天下。

辨析

“成绩蜚然”当为“成绩斐然”。错例系读音相近、字形相似所致。

“斐”读 fěi，从文，表示与文饰、彩饰有关，本义为花纹错杂鲜明。引申指文采，如《文心雕龙·章表》：“君子秉文，辞令有斐。”用作“斐然”，主要义项有两个：①有文采的样子，成语有“斐然成章”，形容文章富有文采，很值得读；②显著的样子，如“成绩斐然”，意思是成绩显著、突出。

“蜚”从虫，本义是一种有害的小飞虫，读 fěi，如《左传·庄公二十九年》：“秋，有蜚，为灾也。”特指蜚蠊，即蟑螂。古汉语中，“蜚”经常与“飞”通假，读 fēi。现在“蜚”用作“飞”义，仅限于“蜚声海外”“蜚短流长”“流言蜚语”等词语。写作“蜚然”不合理据。

凑分(份)子

错例

桌上，摆满了大家凑分子带来的水果、点心、饮料；灯光映照着一张张晒得黑里透红的脸庞。

辨析

“凑分子”当为“凑份子”。错例系读音相同、意义混淆所致。

在现代汉语中，应当用“份”的主要有三种情况：①作量词，用于报刊、文件及组合成套的东西，如“一份合同”“一份早餐”；也可用于抽象事物，如“尽一份心”，“出一份力”，“听到这个消息，他心里那份高兴劲儿就甭提了”。②表示整体的一部分，如“份额”“股份”“份子钱”。③用在省、年、月后，表划分单位。

“分”读 fēn，可表示成数（即十成中占几成），常用于抽象事物。如“三分天注定，七分靠打拼”是说在决定成功的因素里，运气占三成，努力占七成；“一分耕耘，一分收获”则是说付出多少努力就得到多少回报。“分”读 fèn，作名词时，主要义项有：①构成事物的因素，如“养分”；也可表示抽象事物，如“天分”“福分”。用于“分子”，特指属于一定阶级、阶层或具有某种特征的人，如“知识分子”“投机分子”。②职责、权利等的限度，如“安分守己”。③单用，指情面，如“看在我的分上，原谅他吧”。

“凑份子”指众人分摊礼金，应用“份”。“凑分子”不规范。

抚(扶)养父母

错例

作为生活在海外的第一代移民，我肩挑抚养父母的重任，像一个搬砖的工人：手里抱着砖，就无法拥抱亲人；若放下手里的砖，又无法养活亲人。

辨析

“抚养父母”当为“扶养父母”。错例系误解词义所致。

“扶”和“抚”都是提手旁，提示字义与手部动作有关。“扶”是用手支撑，使不致跌倒的意思，如“扶老携幼”“扶着栏杆”。引申指帮助，如“扶贫”“扶危济困”“锄强扶弱”。“抚”是用手轻轻按着，使对方得到安慰。《说文》：“抚，安也。”引申为慰问、安慰，如“抚恤”“安抚”。显然，“扶”强调外在的、力量上的支持，“抚”则偏重于内在的、情感上的慰藉。

再来看"扶养"和"抚养"。前者侧重于经济上的供养和生活上的扶持，后者强调爱护和教养。前者既可用于长辈对晚辈，又可用于平辈之间或晚辈对长辈，使用范围宽泛；后者专用于长辈对晚辈。父母是长辈，只能说"扶养父母"。

幅(辐)射

错例

这一战略决策，为毗邻上海、接受经济幅射的江苏带来了大好机遇。

辨析

"幅射"当为"辐射"。错例系读音相同、字形相近所致。

"辐"从车，本指车辐。观察一下自行车就会发现，在车轮中心和轮圈之间，均匀地插着一根根细条，这个就叫作"辐"。车辐的排列呈放射状，所以把从中心向各个方向伸展出去形象地称为"辐射"。光线、无线电波等电磁波都是以这种方式向四周传播的，故而有"热辐射""太阳辐射""电磁辐射"的说法。也可喻指对周边事物产生一定的影响，如"上海资金市场主要立足于上海，同时向全国各地辐射"。

"幅"从巾，本指布帛的宽度，古代一幅为二尺二寸。后泛指宽度。"幅员辽阔"一词中，"幅"指宽度，"员"指四周，"幅员"即疆域、范围。"幅"又指布帛或衣物的边缘，成语有"不修边幅"。进而引申为量词，用于布帛、图画等，如"一幅窗帘""一幅画卷"。"辐射"不能写作"幅射"。

破斧(釜)沉舟

错例

祝枝山说道："小弟就是有鉴于此，这次破斧沉舟，一下子把一辈子能输的全都输了，整整三十万两。希望唐兄替我画三十幅画，让我还债救命呀！"

辨析

"破斧沉舟"当为"破釜沉舟"。错例系不明典故所致。

"釜"和"斧"读音均作 fǔ，字义却完全不同。"釜"是古代用于蒸煮的一种圆底炊具，类似于现在的锅，多用铁或铜制成，因此"釜"字下面是"金"的简省。曹植《七步诗》："煮豆燃豆萁，豆在釜中泣。"成语有"釜底抽薪""鱼游釜内"等。"斧"是砍竹、木等用的一种金属工具，下面是"斤"——"斤"是个象形字，本指比斧子小一些的、横刃的砍斫工具。成语"运斤成风"中的"斤"就是指这种工具。

"破釜沉舟"出自《史记·项羽本纪》，讲的是项羽率部与秦军作战，渡河后就让士兵砸破饭锅，凿沉船只，以示有进无退、夺取胜利的决心。"破釜沉舟"才是正确写法。

一幅(副)对联

错例

他过去游历曲阜时，曾在孔府大门上看到这样一幅对联：与国戚休，安富尊荣公府第；同天并老，文章道德圣人家。

辨析

“一幅对联”当为“一副对联”。错例系音形相近、用法混淆所致。

“副”“幅”混淆不清，多见于用作量词的情况。

“副”从刀（刂），本义为“判也”，即用刀从中剖开。引申为量词时，仍保留着“一物成二”的义素，通常用来计量成套或成对的东西，如“一副球拍”“一副筷子”“全副武装”。对联分上联和下联，是成对的，所以也用“副”。“幅”从巾，本指纺织品的宽度。作量词时，主要用于计量平面的、有一定幅度的物品，如“一幅地图”“一幅标语”。

应当注意的是，用于神情、姿态时，要用“副”，如“一副奴才相”“一副皮笑肉不笑的样子”“摆出一副清高的姿态”；用于景象时，因景象给人的视觉感受与图画相似，故而应用“幅”，如“一幅动人的景象”“一幅壮丽的图景”。另外，这两个字读音也不同，“副”读 fù，“幅”读 fú。

药物负（副）作用

错例

美国科学家通过使用纤维添加剂进行研究后发现，富含天然纤维的健康饮食是抵御胆固醇和心脏疾病的第一道防线，可为担心药物负作用的病人提供其他的选择。

辨析

“药物负作用”当为“药物副作用”。错例系读音相同所致。

“副”本指将物体一分为二。引申指居第二位的、辅助的，与“正、主”相对，多用于人的职务，如“副将”“副教授”“副总经理”。用于物，则表示次要的、附带的，如“副业”“副食品”。“药物副作用”通常指药物在治疗剂量下出现的与治疗目的无关的作用。一种药物往往有多种作用，当某一作用成为治疗目的时，其他作用则成为“副作用”。

“负”有背负、承担的意思，如“负荆请罪”“身负重任”。引申指遭受（不幸或损害），如“负伤”“负屈含冤”。又引申指亏损、亏欠，如“负债”“亏负”。后用于表示数学中小于零的概念，与“正”相对，如“负数”“负增长”。进而喻指反面的、消极的，如“负面影响”。

“负作用”词典未收，但有“负面作用”的说法，指完全消极的、不好的作用；“副作用”则是随着主要作用而附带发生的不良作用，主要作用还是积极的、显效的。“药物副作用”才是规范写法。

天翻地复（覆）

错例

近几年，这里的变化可谓天翻地复。

辨析

“天翻地复”当为“天翻地覆”。错例系读音相同所致。

区分“复”和“覆”，有必要了解它们的本义。“复”是“複”的简化字。“複”从衣（衤），本指有里子的衣服，也就是夹衣；所以“复”有重复、复杂的意思，如“山重水复疑无路，柳暗花明又一村”。“复”也是“復”的简化字。“復”从彳（chì），与行路有关，所以“复”有回来、返回之义，如“风萧萧兮易水寒，壮士一去兮不复还”。进而引申出回复、还原等含义，如“复信”“光复”“恢复”。

“覆”的本义是倾覆或盖住。《说文》：“覆，覂也。一曰盖也。”“覂”读 fěng，通常指翻转，即底朝上翻过来。段玉裁注：“反覆者，倒易其上下。”如“水可载舟，亦可覆舟”，“前车之覆，后车之鉴”。

“天翻地覆”字面上就是天地倒置的意思，形容变化极大或闹得极凶，因而用“覆”，不用“复”。

G

言简意骇(赅)

错例

这两封言简意骇的亲笔信,字里行间充满了她对少年儿童的深情。

辨析

“言简意骇”当为“言简意赅”。错例系字形相近所致。

“骇”读 hài,形符为“马”,本指马受惊。后泛指惊惶、害怕、震惊,如柳宗元《三戒·黔之驴》:“虎大骇,远遁;以为且噬己也,甚恐。”文言文中“骇”经常用作使动义,表示“使……震惊”,成语有“惊世骇俗”“惊涛骇浪”“骇人听闻”等。

“赅”读 gāi,形符为“贝”,表示与钱财有关,本义当为财物充足。引申指齐全、完备、无所不包,如曾国藩《葛寅轩先生家传》:“宋司马光请开十科以求贤,其目至为赅简。”“赅简”指齐备而扼要。

“言简意赅”的意思是言语简明而意思完备,与“惊骇”无关。

气慨(概)

错例

说完这番话,这位外表颇有豪爽的男子汉气慨的歌手,竟流露出伤感与忧郁的神情来。

辨析

“气慨”当为“气概”。错例系字形相近所致。

“概”读 gài,从木。古代称量谷物时,要用一块木板将容器口多余的粮食刮平,这块木板就叫作“概”。“概”的作用是避免粮食盛得过满,由此引申出衡量、限量的意思,如皇甫湜《题浯溪石》诗:“李杜才海翻,高下非可概。”由限量引申指一个人接纳事物的限度,即气量、气魄,如吴潜《沁园春·多景楼》:“算当时多少,英雄气概,到今惟有,废垅荒丘。”

“慨”读 kǎi,从心(忄),与心理活动有关。本义为因不得志而显露出来的激愤的样子,如“愤慨”。也指激昂的样子,如“慷慨陈词”。还可表示内心有所触动而感叹,如张衡《东京赋》:“望先帝之旧墟,慨长思而怀古。”后来又引申出大方、不吝惜之义,如“慨然相赠”。

“气概”不能写作“气慨”。

竹杆(竿) 稻杆(秆)

错例

① 他借来土家戏班子拜年用的采莲船,往竹杆上一绑,正

面贴个大红喜字，还真像那么回事。

② 隋唐五代时期，竹、檀皮、稻杆等也都作为造纸原料，先后被利用。

辨析

“竹杆”“稻杆”当为“竹竿”“稻秆”。错例系读音相近、字义混淆所致。

“杆”，木字旁，是个多音字。一音 gān，通常指立在地上有某种用途的、上端较细的一段木头或类似的东西，如“旗杆”“电线杆”“晾衣杆”。一音 gǎn，指器物上细长的棍状部分，如“秤杆”“笔杆子”“枪杆子里面出政权”；可作量词，用于有杆的器物，如“一杆枪”“一杆秤”“一杆旱烟袋”。

“秆”读 gǎn，禾字旁，指某些植物的茎，如“稻秆”“芦苇秆”“焚烧秸秆”“瘦得像麻秆”。

“竿”读 gān，竹字头，是竹子的专门用字，“竹竿”自然不能写成“竹杆”。注意：“钓竿”“滑竿”，原来都是用竹子做的，因而用“竿”；在“日上三竿”“揭竿而起”“立竿见影”“百尺竿头，更进一步”等成语中，也要用“竿”。

鬼斧神功（工）

错例

园子尽头，一片鬼斧神功的石林突兀而立，瀑布从主峰飞流直下，气势如虹。

辨析

“鬼斧神功”当为“鬼斧神工”。错例系读音相同所致。

“鬼斧神工”是一个成语，常用来形容建筑、雕塑等艺术技巧高超，仿佛鬼神制作出来的。“工”是个象形字，一般认为，它的本义是古代匠师用的曲尺之类的工具，可以用来画直角形和方形，也可以测度直线长短或估量角的度数。“斧”也是匠人的基本工具。“鬼斧”和“神工”相互对应，相互补充，共同表达一个完整的意思，这也就是所谓的“互文见义”。

“功”指功绩、功劳。“神功”即非凡的功绩，多用来颂扬帝王的功业。宋濂《送刘永泰还江西序》：“圣德神功，巍巍煌煌，固非前代帝王所可及。”也指神灵般的功力。《水浒传》第九十六回：“赖贤弟神功，解救灾厄。”

“神工”和“神功”都含有非人力所能及的意思，但前者形容技艺精妙，后者强调业绩不凡。

卑恭(躬)屈膝

错例

为了利益而卑恭屈膝，不顾自己尊严的大有人在。对这样的人，我们总会嗤之以鼻。

辨析

“卑恭屈膝”当为“卑躬屈膝”。错例系读音相同所致。

“卑”的本义为地位低下的供役使的人。《说文》：“卑，贱也。执事也。”引申为低俯，如《庄子·逍遥游》：“子独不见狸狌乎？卑身而伏，以候敖者。”“躬”从身，本义为身体、自身。“卑躬”即弯曲身体，也就是低头弯腰；而“屈膝”指弯曲膝盖，也就是下跪。“卑躬”和“屈膝”互文见义，用于嘲讽某些人低声下气地献媚逢迎。

“卑恭”的说法也是有的，如《后汉书·窦融传》：“（窦融）每召会进见，容貌辞气卑恭已甚，帝以此愈亲厚之。”不难看出，“卑恭”是谦卑恭敬、小心谨慎的意思，不宜与表示讨好奉承的“屈膝”搭配。辞书中也未见“卑恭屈膝”。

悬梁刺骨(股)

错例

月考就要到了，我决心效法古人悬梁刺骨的精神全力备考。

辨析

“悬梁刺骨”当为“悬梁刺股”。错例系不明典故所致。

“悬梁”和“刺股”是两个有关苦学的典故。“悬梁”的主人公是孙敬，字文宝，东汉著名政治家。他曾用绳子将头发绑在房梁上，读书疲倦打盹时，就会因头皮被扯痛而清醒起来。“刺股”说的是战国时期的苏秦。据《战国策·秦策》记载，苏秦曾发奋攻读，每当昏昏欲睡之时，便“引锥自刺其股，血流至足”，于是睡意全无，继续读书，后来成为著名的纵横家和谋略家。

应当注意的是，苏秦刺的是“股”，也就是大腿，而不是骨头。文言文中大腿称“股”，如“股掌之上”；小腿称“胫”，如“不胫而走”。写作“悬梁刺骨”与史料记载不符。

一股(鼓)作气

错例

曹刿以出色的才智帮助弱小的鲁国在长勺打败了强大的齐

国，也为后世留下了“一股作气，再而衰，三而竭”的真知灼见。

辨析

“一股作气”当为“一鼓作气”。错例系不明典故所致。

“一鼓作气”是个成语，出自《左传》中军事家曹刿（guì）对长勺之战的一番评论：“夫战，勇气也。一鼓作气，再而衰，三而竭。彼竭我盈，故克之。”这段话的大意是：打仗主要靠军队的士气。擂第一通鼓时，士气就振作起来了；擂第二通鼓时，士气就会有所减退；等到擂第三通鼓时，士气已经耗尽了。对方士气耗尽而我方士气充沛，所以我们能取胜。后来就用“一鼓作气”形容要趁着劲头足的时候抓紧去做，一口气把事情做完，如“中国游泳健儿们一鼓作气，20分钟内摘得一金一银一铜”。“一鼓”是擂第一通鼓的意思，这里的“鼓”用作动词，指击鼓。

“一股”是数量短语，常用于条状物以及气体、气味、力气等，如“一股清泉”“一股烟”“一股强大的力量”；也用于成批的人，多含贬义，如“一股土匪”。“一股作气”解释不通。

固（故）态复萌

错例

记者再次走访了部分老旧小区，发现一些陋习固态复萌。

辨析

“固态复萌”当为“故态复萌”。错例系读音相同所致。

“故”，形符为“攴（pū）”，即反文旁。“攴”为手持器具之形，从攴之字多与治事有关。“故”的本义是使人做事。引申指做出的事。成语有“毛举细故”，指琐碎地列举无足轻重的小事加以责难。特指意外的或不幸的事，如“变故”“事故”。由已做出的事引申为旧的、过去的、原来的，如“故居”“故宫”“故地重游”。“故态复萌”就是过去的情况又逐渐恢复了，形容老毛病重犯。

“固”，形符是“囗(wéi)”。“囗”是“围”的本字，指四面闭塞。“固”的本义是四周险要难攻。贾谊《过秦论》：“秦孝公据崤函之固，拥雍州之地。”后泛指结实、牢固，如“根深蒂固”。又指坚硬，如“凝固”“固体”。所谓“固态”就是固体的状态，与气态、液态相对。

可见，“故态”是老样子，“固态”则是物质存在的状态之一，这是两个同音异义词。

粗旷(犷)

错例

如果我们把云南石灰岩地区的石林比喻成一群婀娜秀美的南方少女，那么，黄河石林就恰如一伙粗旷彪悍的西北壮汉。

辨析

“粗旷”当为“粗犷”。错例系字形相近所致。

“犷”读 guǎng，反犬旁，本指犬类凶猛不驯，不可亲近。引申为野蛮、强悍、粗野。“粗犷”本指粗鲁强横，是贬义词。《北史·耿豪传》：“豪少粗犷，有武艺，好以气陵人。”后演变为褒义词，可形容性格豪迈，如“粗犷憨厚的西北汉子”。也可形容环境或风俗淳朴大气，如“质朴粗犷的山野风光”。还可形容文艺作品风格豪放，如“这幅画作形象简练，笔法粗犷”。

“旷”读 kuàng，日字旁，本指光明、明朗。引申为空间开阔，如《桃花源记》：“土地平旷，屋舍俨然。”特指心境开朗，如“旷达”

"心旷神怡"。又由空间的广大引申为时间的久远,如"旷日持久"。"旷"与"粗"不能组合使用。

村廓(郭)

错例

据传该树原是东海龙王之子,因迷恋秀水"状元村"的山水神韵而厌回龙宫,化作古树长居瑶乡,以其神风灵气佑护村廓,以其恭谦憨态欢迎四海来宾。

辨析

"村廓"当为"村郭"。错例系字形相近所致。

"郭"从"邑(右耳旁)",表示与城邑有关。"郭"的本义为外城,即在城的外围加筑的一道城墙,如《孟子·公孙丑下》:"三里之城,七里之郭,环而攻之而不胜。"后泛指城镇,如杜牧《江南春绝句》:"千里莺啼绿映红,水村山郭酒旗风。"将同义语素组合成词是常见的汉语构词法之一,"村"与"郭"义近,二者便构成并列式合成词"村郭",泛指村镇。

"廓"从"广(yǎn)"。"广"的古文字为屋顶之形,以"广"为形符的字多与建筑物有关。"廓"的本义也是外城,因而在古文献中经常与"郭"混用,表示外城或事物的外围。

在现代汉语中,这两个字有了明确分工:"郭"主要用于表示外城、城镇,写作"村廓"是不规范的;"廓"用于指称物体的周围或外缘,如"轮廓"。

食不裹(果)腹

错例

他小时候家境清寒,经常食不裹腹。

辨析

“食不裹腹”当为“食不果腹”。错例系读音相同所致。

“果”,象形字,本指树木所结的果实。果实一般饱满而圆胀,故引申指隆起或吃得很饱的样子。《庄子·逍遥游》:“适莽苍者,三餐而反,腹犹果然。”成玄英疏:“果然,饱貌也。”“果腹”就是指吃饱肚子。这是一个很形象的说法——肚子像果实一样圆滚滚的,自然是酒足饭饱了。“食不果腹”是说填不饱肚子,常与“衣不蔽体”连用,用来形容生活贫苦。

“裹”,形声字,从衣,果声。“裹”的基本义是用纸、布或其他片状物从外部包扎、缠绕,如“包裹”“马革裹尸”“用绷带把伤口裹好”。食物是无法包裹肚子的,“食不果腹”的“果”不能写成“包裹”的“裹”。

H

震憾(撼)

错 例

今晚的演出可谓是一场震憾心灵的视听盛宴!

辨 析

“震憾”当为“震撼”。错例系读音相同、字形相近所致。

“撼”与“憾”音同形近,极易混用,应从形符区别其意义。“撼”从手(扌),与手部动作有关,指用力摇动、动摇。韩愈《调张籍》诗:“蚍蜉撼大树,可笑不自量。”《宋史·岳飞传》:“撼山易,撼岳家军难。”“震”从雨,本指响雷,引申为物体颤动或使物体摇荡。成语有“震古烁今”,意思是震动古代,显耀当世,形容事业或功绩非常伟大。“震”与“撼”义近,二者联合成词,表示震动、摇撼之义,如“震撼世界的大事”“这部影片震撼了观众的心灵”。

“憾”从心(忄),与心理活动有关,本义为怨恨、不满、不快。《三国志·魏书》:“宜释憾除嫌,敦我旧好。”“释憾”即消除仇怨。常用词有“遗憾”“缺憾”等。

简言之,“撼”指摇动外物,“憾”指内心怅恨。

浩翰(瀚)

错例

这浩翰的宇宙,每时每刻都在运动变化着。

辨析

"浩翰"当为"浩瀚"。错例系读音相同、字形相近所致。

"翰",形符为"羽",本指红色羽毛的山鸡,即锦鸡。引申指长而硬的鸟羽及动物的长毛,如刘向《列仙传》:"犬色更赤,有长翰。"借指毛笔,如"翰墨"即笔墨,"染翰"即以笔蘸墨,准备写诗作画。又借指信件、文章、书画等,如"翰藻"指文采、辞藻,"翰林院"则是古代以文学供奉宫廷的官署。

"瀚",三点水旁,本指水势大的样子。"浩"也有此义,如"浩渺""浩荡"。二者义近,故而联合成词。"浩瀚"除了表示水流广阔洪大,还可形容其他事物的广大、广博或繁多,如"浩瀚的星空""典籍浩瀚"等。

总之,"翰"是名词,与笔墨文书有关;"瀚"则是形容词,表示大或多。汉语中没有"浩翰"这种说法。

引亢(吭)高歌

错例

当飘扬着中新两国国旗的"青岛"号徐徐泊岸时,舰上乐队奏响乐曲,欢迎人群冒雨引亢高歌中国歌曲《歌唱祖国》。

辨析

“引亢高歌”当为“引吭高歌”。错例系字形相近所致。

“吭”是个多音字。读 kēng 时作动词用，意思是说话、出声，如“一声不吭”。读 háng 时作名词用，本指鸟的喉咙。《玉篇·口部》：“吭，鸟咙也。”后泛指喉咙、咽喉，如《旧五代史》：“岂有落其爪牙，折其羽翼，溃其心腹，扼其吭喉而不亡者哉！”“引吭”是一个动宾短语。“引”有拉、伸之义，如“穿针引线”“将军夜引弓”，“引吭”即拉开嗓子。“引吭高歌”就是放声歌唱的意思。

“亢”读 kàng，主要义项有三个：①高，如“高亢”就是声音洪亮或地势高；②高傲，如“不卑不亢”就是说话办事既不低声下气，也不傲慢自大；③极度、过度，如“亢奋”就是过于兴奋，“亢旱”就是极其严重的旱情，“甲亢”则是甲状腺素分泌过度而引发的一种疾病。“亢”主要用作形容词和副词，“引亢高歌”说不通。

浩(皓)月当空

错例

在一个美丽的夜晚，浩月当空，一家人围坐在院子的石桌前聊天，可真惬意啊！

辨析

“浩月当空”当为“皓月当空”。错例系读音相同、字形相近所致。

“皓”从白。“白”在甲骨文中为日光上射之形，因此以“白”为形符的字多与光亮有关。“皓”的本义为明亮，常用来形容月光。《诗经·月出》：“月出皓兮，佼人懰(liú)兮。”杜牧《长安夜月》:“寒光垂静夜,皓彩满重城。”所谓“皓月”就是明亮皎洁的月亮。在诸多颜色中,白色最为明亮,于是“皓”由明亮引申指洁白。韦庄《菩萨蛮》词:“垆边人似月,皓腕凝霜雪。”成语有“明眸皓齿”“皓首穷经”等。

“浩”从水(氵),本义为水势大,如“浩瀚”“浩荡”。后泛指大、多,如“卷帙浩繁”“声势浩大”。“浩”不能形容月光。

凑和(合)

错例

他叹了口气,无奈地摇头道:“这日子就凑和着过吧!”

辨析

“凑和”当为“凑合”。错例系读音相同、意义混淆所致。

“凑”是个形声字,篆文中为三点水旁,本指水流汇聚。后泛指聚集、聚拢,如“凑钱”“凑足人数”“几个伙伴凑到一起聊天”。“合”是个会意字,为器盖相合之形,本义为闭合、合拢。后引申出合并、聚合之义,如《论语·宪问》:“桓公九合诸侯,不以兵车,管仲之力也。”“凑”与“合”组成同义复合词“凑合”,表示聚合之义,如“把大伙的意见凑合在一起”。引申为拼凑,如瞿秋白《乱弹·谈谈〈三人行〉》:“这篇东西不是一口气写的,而是断断续续地凑合起来的。”又引申为勉强适应或应付,如“衣服有点小,凑合着穿吧”。还可表示“不好不坏、还行”的意思,如“最近身体还凑合”。

“和”的本义是声音和谐。引申为关系融洽,如“和睦”“调和”。和谐的关系是“凑”不出来的。“凑合”不能写作“凑和”。

合(和)盘托出

错 例

这首诗寥寥数十字,真是将一切都合盘托出了,何况全部运用的是形象思维,毫无“以文为诗”的缺点,就诗论诗,实在算是一首杰作。

辨 析

“合盘托出”当为“和盘托出”。错例系读音相同、意义混淆所致。

在中国传统文化中,凡不同事物之间或同一事物内部各个方面关系融洽,令人满意,皆可称作“和”:态度令人满意叫“和蔼”,人际关系令人满意叫“和睦”,天气让人觉得舒适则称为“风和日丽”。后来,“和”引申指对这些关系进行调节,使之达到令人满意的状况,如《国语·郑语》:“是以和五味以调口,刚四支以卫体,和六律以聪耳,正七体以役心。”由调和引申为混杂,如白居易《长恨歌》:“君王掩面救不得,回看血泪相和流。”进而引申指伴随着、连带着。如“和衣而卧”指穿着衣服躺下睡觉;“和泪作书”指含着泪写信;而“和盘托出”指连盘子也端了出来,比喻全都讲出来,毫无保留。

“合”在甲骨文中为器盖相合之形,其本义为闭合,如“合眼”“愈合”。器口加盖后成为一个整体,于是引申指聚在一起、结成一体,如“合并”“合股”。进而引申指整个,如“合家欢乐”。器口与器盖须彼此吻合,故而又引申指匹配、符合,如“合身”“合辙押韵”等。“合盘托出”说不通。

荷(菏)泽

错例

老太太又算计着明年春暖花开时，去牡丹之乡洛阳和荷泽写生，大有不达目的誓不罢休的气概。

辨析

“荷泽”当为“菏泽”。错例系读音相同、字形相近所致。

“菏”读作 hé。“菏泽”是中国最古老的地名之一，在今山东省境内。本为古代济水流经时汇聚而成的天然湖泽，《尚书·禹贡》中便有“导菏泽，被孟猪(潴)”的记载。后来济水断流，黄河泛滥，菏泽因泥沙淤积而逐渐消失。清雍正年间，当地设县，赐名菏泽。如今为山东省地级市的名称，位于鲁、苏、豫、皖四省交界地带，有“牡丹之都”的美誉。

“菏”字使用频率很低，且与“荷花”的“荷”音同形近，因此“菏泽”很容易误写作“荷泽”。

皇天厚(后)土

错例

虽然她封闭落后，但总满含着希望和憧憬。“皇天厚土料雄气，奋发向上待几时?”

辨析

“皇天厚土”当为“皇天后土”。错例系误解成语所致。

成语“皇天后土”最早见于《尚书》《左传》等古代典籍。《说文》:“皇,大也。”在古人的观念中,人世间最大的莫过于君王,所以“皇”引申为君主、帝王。“皇天”即上天、天帝。甲骨文“后”象妇人产子之状,本为母系氏族酋长称谓,引申为君主。比如我们熟悉的神话人物后羿本名“羿”,“后”只是表明其身份为部落首领。夏朝的最高统治者也称为“后”,如“夏后启”“夏后桀”。与“皇天”相对,“后土”是古人对地的尊称,即大地、土神。“皇天后土”这一成语反映了先民对天地的膜拜,至今民间仍以“皇天在上,后土在下”的说法来盟誓。

将“皇天后土”错写成“皇天厚土”,主要是由于对“后”的本义不了解,同时受另一个成语“天高地厚”的干扰而造成的。

侯(候)车室

错例

西蒙在侯车室里往外看,阴影下的各种物体都满是灰尘,枯燥乏味的愁意笼罩着车站。

辨析

“侯车室”当为“候车室”。错例系字形相近所致。

“侯”和“候”在字形上只差一竖,因而很容易混淆。“侯”是名词,除了在福建地名“闽侯”中读 hòu,其他情况下都读 hóu。“侯”是封建时代君王所辖各小国的国君,也是封建五等爵位的第二等,如“侯爵”“诸侯”。后泛指达官贵人,如“侯门一入深似海”。

“候”读 hòu,本为动词,意思是守望、察看、侦察。王维诗“萧关逢候骑,都护在燕然”中的“候骑”就是指侦察敌情的骑兵。

《水浒传》中有个陆虞候,“虞候”本为看管山泽的职官,后用作执掌警备巡查或内部监察的军官称号。由于守望要在某个地点停留一定的时间,所以“候”逐渐引申出等待义,如“候补”“候诊”“候审”等。候车室是等候乘车的地方,应当用“候”。

盘恒(桓)

错 例

他在所结识的老板们之间盘恒数日之后,终于有一位心有所动,但他还担心产品销路不畅。

辨 析

“盘恒”当为“盘桓”。错例系字形相近所致。

“桓”读 huán,“恒”读 héng。“桓”不常用,且与“持之以恒”的“恒”形似,因而经常被误写作“恒”。实际上,这两个字的右半部分在简化前是不一样的。

“桓”从木,亘(xuān)声,本指古代立在建筑物旁作标志的木柱,即后来所说的华表;后成为“亘”的借字——“亘”的古文字形为,象水流回旋之状,是“漩”的本字。这样,“桓”便有了回旋环绕之义,与“盘旋”的“盘”音义皆近,因而逐渐凝固为联绵词“盘桓”。除了回旋之义,“盘桓”还有徘徊、逗留、游乐的意思,如“趁休假在杭州盘桓几日”。

再来看“恒”。“恒”的甲骨文字形为,象一弯弦月在天地之间,以月之圆缺有常寓恒常之意,其本义为持久的、固定不变的。后添加形符“心(忄)”表示心恒常不变。《孟子·滕文公上》:“有恒产者有恒心,无恒产者无恒心。”常用词还有“恒温”“永恒”等。

《皇(黄)帝内经》

错例

李教授又搬出了《皇帝内经》《神农本草经》《伤寒杂病论》，说："要成为真正有造诣的中医，还必须向中医学理论的珠穆朗玛峰攀登。"

辨析

"《皇帝内经》"当为"《黄帝内经》"。错例系不明典故所致。

黄帝是传说中中国远古时期的部落联盟首领，也是中原各族的共同祖先，姬姓，号轩辕氏、有熊氏。相传舟车、蚕桑、文字、历算、医药等诸多创造发明都始于黄帝时期，因此他被誉为中华民族的"人文初祖"。《内经》则是我国现存最古老的医学典籍之一，大约成书于战国时代，被称为"医书之祖"。该书以黄帝与岐伯、雷公两位名医的对话形式写就，故而又称《黄帝内经》。"皇帝"则是君主国的国家元首。中国自秦始皇开始的历代封建君主都称"皇帝"。

"皇帝"与"黄帝"读音相同，意义却大相径庭。

道路交汇(会)处

错例

目前，武当山辖区剑河二路与太极湖东路交汇处正在施工中，道路半幅通行，请驾驶员朋友注意减速慢行，文明礼让。

辨析

"道路交汇处"当为"道路交会处",错例系读音相同、意义混淆所致。

"交汇"与"交会"都有相交、聚合的意思。区别在于:"交汇"一般用于水流、气流的汇合,如"两条河在山下交汇,然后向东流去","冷暖气流在这里交汇,所以常常下雨";"交会"则用于水流、气流之外其他较为具体的事物的会合或交叉,特别是道路、交通等,如"广州是京广、广深等铁路的交会点","兰州是中国三大自然区的交会地带","十字路口车流交会,拥堵不堪"。

此外,"交会"只表示会合,"交汇"则有融合的意思,因而有时也用"交汇"来喻指抽象事物的交流与融合,特别是文化等方面的因素,如"历史上的中外文化交汇主要有两次""北京奥运会开幕式将传统文化与体育精神交汇一处"。

七晕(荤)八素

错例

日喀则到萨嘎480公里沙石路,只见你超车,不见车超你,九个小时路程颠得我七晕八素。

辨析

"七晕八素"当为"七荤八素"。错例系读音相近、字形相似所致。

"七荤八素"是一个含有数词的方言成语。在这类成语中,数词往往表示数目的虚指。像"七"和"八"通常虚指数量多,多则乱,因而含有这两个数词的成语,一般有"多而杂乱"的意思,如"七手八脚""七嘴八舌""七零八落""横七竖八""乱七八糟"

等。“七荤八素”也不例外。

“荤”读 hūn，指肉食，与“素”相对。“七荤八素”原指宴席上菜品丰富，有荤有素。引申指把事情弄得一塌糊涂，难以收拾，如“徽宗把天下搅得七荤八素”。也指让人晕头转向，不明所以，如“他摔下车来，摔了个七荤八素”。

“晕”是多音字。读 yūn 时，义为昏迷或头脑发昏，如“晕倒”“晕头晕脑”。读 yùn 时，除了指晕眩，还可表示日月周围的光圈，以及光影、色彩四周模糊的部分，如“日晕”“月晕”“脸上泛出红晕”。无论哪个义项，“晕”与“素”都无法对举。

插科打浑(诨)

错例

班纳特先生真是个古怪人，他一方面喜欢插科打浑，爱挖苦人，同时又不苟言笑，变幻莫测，真使他那位太太积二十三年之经验，还摸不透他的性格。

辨析

“插科打浑”当为“插科打诨”。错例系读音相近、字形相似所致。

“诨”读 hùn，指逗趣或逗趣的话。“诨名”就是带有戏谑色彩的外号，如《水浒传》里李逵诨名“黑旋风”，杨志诨名“青面兽”。“插科打诨”本为戏曲术语，源于以滑稽表演为主的宋代杂剧。“科”指滑稽动作，“诨”指滑稽语言，“插科打诨”就是在戏曲表演中作一些喜剧性的穿插，又称“科诨”。《红楼梦》第二十二回：“且知贾母喜热闹，更喜谑笑科诨。”后来泛指开玩笑逗乐，是个中性词，如“说正经事呢，别插科打诨”。应当注意的是，这里的

"诨"是言字旁，不能写作三点水旁的"浑"。

"浑"读 hún，意思是水不清，如"浑水摸鱼"。由浑浊不清引申为糊涂，如"浑浑噩噩""浑人"。又引申为混同不分、整个，如"浑然一体""浑身"。没有"插科打浑"一词。

J

面黄饥(肌)瘦

错例

开学前一天,刘哲来到了无线电工业学校找谢朝平。当见到眼前这个面黄饥瘦的农村女孩时,刘哲激动地一把拉住朝平,把她带回家。

辨析

“面黄饥瘦”当为“面黄肌瘦”。错例系读音相同、字形相近所致。

“面黄肌瘦”出自元代杨梓撰写的杂剧《霍光鬼谏》第一折:“眼欺缩腮模样,面黄肌瘦形相。”意思是脸色发黄,身体瘦削,形容人营养不良或生病的样子。这是一个由“面黄”与“肌瘦”两个主谓结构并列而成的互文式成语。

这类成语中,主语与谓语两两对举,主语通常是一对意义相近、相反或相关的同类语素。例如:“情真意切”,“情”与“意”意义相近;“天崩地裂”,“天”与“地”意义相反;“兵荒马乱”,“兵”与“马”意义相关。

“面黄肌瘦”也属此类结构。“面”与“肌”都是人体部位,意义相关，且都是名词性语素，可以对举；“饥”则是一种生理状态，是形容词性语素，与“面”对举是不恰当的。

稽（嵇）康

错例

中国古代还有一些具有道家思想的音乐理论，如稽康的《声无哀乐论》、阮籍的《乐论篇》等。

辨析

“稽康”当为“嵇康”。错例系读音相同、字形相近所致。

嵇康是三国时期曹魏著名的思想家、文学家、音乐家，为“竹林七贤”之一，但他的名字却常常被人误写作“稽康”。“稽”与“嵇”都是中华姓氏。据《通志》记载，夏王少康封其子于会稽（今浙江境内），遂为稽氏；汉初，稽氏的一支迁到嵇山（今安徽境内）一带定居，并以居住地为氏，即嵇氏。一说嵇氏源于会稽奚氏。除嵇康外，嵇氏家族出现的历史名人还有西晋文学家嵇绍（嵇康之子），以及清代水利专家嵇曾筠、嵇璜父子。

“嵇”和“稽”都读作 jī，字形也相近，但前者使用频率很低，而后者较为常见：“嵇”仅用于地名和姓氏；稽”则见于“稽查”“稽留”“滑稽”等词语。另外，“稽”是多音字，还读 qǐ，如“稽首”，是古代的一种行礼方式。

楫(缉)拿归案

错例

目前，案犯已楫拿归案，司法部门将依据法律对罪犯进行严惩。

辨析

“楫拿归案”当为“缉拿归案”。错例系读音相近、字形相似所致。

“缉”，绞丝旁，表示字义与丝线、缠织有关。本义同“绩”，指的是把麻分解成缕，再搓成线。王冕《江南妇》诗：“日间力田随夫郎，夜间缉麻不上床。”引申指捆绑、抓捕，如“缉凶”即捉拿凶犯，“通缉”指公安机关通令有关地区协同抓捕逃犯。“拿”原写作“拏”，从手，奴声，“奴”兼表意，合起来有抓捕奴隶的意思。《正字通·手部》：“拏，拘捕罪人曰拏。俗作拿。”显然，“缉拿”为同义语素并列成词。

“楫”，木字旁，意思是船桨。成语有“中流击楫”，借祖逖渡江北伐时叩击船桨，立誓收复失土的故事来比喻立志发愤图强。“楫”与“抓捕”风马牛不相及，不能与“拿”组合。另外，“缉”和“楫”的声调也不相同：前者读 jī，后者读 jí。

迫不急(及)待

错例

每次告别旧年，总有那么一种依依难舍、感叹时光无情之感。然而那本厚厚的崭新的日历，又让我们对未来充满了希望：一切都可以从“新”开始。因此我们又带着一种迫不急待的心情迎接新年的到来。

辨析

“迫不急待”当为“迫不及待”。错例系读音相同所致。

“及”是个会意字，甲骨文字形为，从人，从又（“又”即“手”），表示后面的人赶上来用手抓住前面的人。本义为追赶上、抓住，如《史记·项羽本纪》：“（项羽）使人追宋义子，及之齐，杀之。”“及之齐”就是在齐国境内追上了他。引申指时间上赶得上，否定式“不及”就是赶不上、来不及的意思。扬雄《羽猎赋》：“鸟不及飞，兽不得过。”曹丕《与吴质书》：“后生可畏，来者难诬，然恐吾与足下不及见也。”“不及飞”就是来不及飞，“不及见”就是来不及相见，那么，“迫不及待”就是紧迫得来不及等待、不能等待的意思，形容心情十分急切。

如果把这个成语写作“迫不急待”，那到底是“急”还是“不急”呢？

既（即）使

错例

创造性思维是企业创新的源泉。它超越常规，独辟蹊径，打破传统的思维定式，既使是在资金匮乏、技术薄弱，甚至在逆境的情况下，也经常能为企业争得生存和发展的机遇。

辨析

“既使”当为“即使”。错例系字形相近所致。

要想区分“既”和“即”，有必要了解一下它们的古文字写法。“既”的甲骨文为，“即”的甲骨文为。这两个字的左边都是盛放食物的器皿，右边则是一个跪坐的人。区别在于：“既”中的人转过头，张着嘴，背对着食器，表示人吃饱打嗝，转身离席；而“即”中的人靠近食器，微微低头，表示人刚刚入席，准备享用。

简而言之，“既”是用餐完毕，“即”是近食就餐。于是，“既”可以表示已然，如“既来之，则安之”“既生瑜，何生亮”“一言既出，驷马难追”等，说的都是既成事实；“即”可以表示未然，如“即使你当时在场，也未必有更好的办法”。“即使”表示的是假设的让步，也就是尚未发生的事情，所以只能用“即”。

编缉(辑)

错例

有一次，该报总编缉孙浚明为梁写了一幅扇面，上款题“漱溟”二字。梁看后认为孙代拟的笔名很好，甚合心意。从此他便以“漱溟”为名，沿用到今。

辨析

“编缉”当为“编辑”。错例系音形相近、字义混淆所致。

“辑”读 jí，从车，本指由诸多部件组合而成的、能运转自如的车辆。引申指聚集，特指汇集材料编书。《汉书·艺文志》：“夫子既卒，门人相与辑而论纂，故谓之《论语》。”“编辑”指对资料或现成作品进行整理、加工，也指从事这项工作的人。

“缉”读 jī，从系（纟），本义为搓麻，如苏轼有“六子晨耕箪瓢出，众妇夜缉灯火共”的诗句。搓麻要合为线绳，所以后来“缉”也引申出聚合之义。南朝颜延之《阳给事诔》：“立乎将卒之间，以缉华裔之众。"李善注："缉，会聚也。"不过，与"辑"相比，"缉"的聚合义出现较晚，因而"编辑"的"编"是绞丝旁，"辑"却是车字旁。

犄（掎）角之势

错例

他建议，趁西夏军不行动时，再在城外筑一寨，一城一寨共成犄角之势，以便相互照应。

辨析

"犄角之势"当为"掎角之势"。错例系字形相近所致。

"掎"读 jǐ，从手（扌），本义是从旁边或后面用力拉住。"角"本指兽角，是个名词；此处用作动词，是抓住角的意思。"掎角"原指双方共同捕兽时有的拉后足，有的抓兽角；后用来比喻作战时双方彼此呼应，共同夹击敌人。"掎角之势"即指这种相互配合、分兵牵制或合兵夹击敌人的态势，如《三国演义》第二十二回："不若分兵屯小沛，守邳城，为掎角之势。"

"犄"读 jī。"犄角"指动物的角，如"牛犄角"；引申指棱角、角落，如"桌子犄角""墙犄角""犄角旮旯"。

"掎角"是动词，"犄角"则是名词，意义完全不同。

不记（计）其数

错例

清晨，街上到处是拦腰折断或连根拔起的大树。被刮倒的树木砸坏的汽车、被飓风吹倒的广告牌不记其数。

辨析

“不记其数”当为“不计其数”。错例系读音相同所致。

“计”，会意字，从言（讠），从十（代表数字），表示数数、计算，如“统计”“会计”。“不计其数”就是无法估算其数目，形容数量极大，如《三国演义》第一百一十九回：“军民大乱，互相践踏，死者不计其数。”

“记”，形声兼会意字，从言（讠），己声；“己”的古文字象用于打结记事的绳子，兼表记事之义；“言”与“己”合起来，表示将听到的话用书面语记录下来，以免遗忘。《广雅》：“记，书也。”引申为记事的文章或书册，如柳宗元的《小石潭记》、范仲淹的《岳阳楼记》、司马迁的《史记》等。

若将“不计其数”写作“不记其数”，意思就变成“没有记录那个数字”。那个数字究竟是大是小，具体是多少，都没有说明。显然，这不符合该成语的意思。

一年之季（计）在于春

错例

人误地一时，地误人一年。一年之季在于春。倘若只顾徜徉在花旁柳下，而忘记了劳作，我们怎么过一个丰足的年呢？

辨析

“一年之季在于春”当为“一年之计在于春”。错例系读音相同所致。

“一年之计在于春”是一句谚语，最早见于南朝萧绎的《纂要》。这句谚语强调了春天在一年四季中所占的重要位置，意思是一年的计划要在春天就考虑妥当，比喻凡事要抓紧时间，早作打算。后来又衍生出“一日之计在于晨”“一家之计在于和”“一生之计在于勤”等等。这里的“计”都是计划、筹划的意思。如果改作“季节”的“季”，“一年之季”说不通，“一日之季”“一家之季”“一生之季”就更匪夷所思了。

谚语是熟语的一种，具有意义上的整体性和结构上的凝固型，不能随意抽换其中的成分。“一年之季在于春”是错误的写法。

服药时切记(忌)饮酒

错例

服药时切记饮酒，因为酒精如果和药物相互混合，不仅会影响药物的疗效，也会产生有害的化学物质，导致不良的反应。

辨析

“切记饮酒”当为“切忌饮酒”。错例系读音相同所致。

“忌”从心，与内心活动有关。本义为憎恶、憎恨，如王充《论衡》：“日月星辰，人所瞻仰。水旱，人所忌恶。”由憎恶引申为嫉妒、猜忌、顾忌、畏惧等义，如《三国演义》第七十二回：“（曹）操虽称美，心甚忌之。”又引申为忌讳、禁止、戒除。比如不少药物说明书的注意事项中都会提到“忌烟、酒及辛辣、生冷、油腻食物”。这里的“忌”是认为不适宜而避免的意思。“切忌”就是一定要避免。

“记”从言（讠），本指记载、记录。引申为把印象留在脑子里，记住不忘。“切记”就是一定要记住。众所周知，饮酒易伤身，特别是在患病或服药的情况下。因此，外出应酬前家人总要叮嘱一句“千万不要喝酒”，而不是“一定要记得饮酒”。“切记饮酒”是错误写法。

汗流夹(浃)背

错例

瑞德勒马，把马车停在路旁，思嘉好奇地看着那些汗流夹背的黑人，他们肩上扛着鹤嘴锄和铁锹。

辨析

“汗流夹背”当为“汗流浃背”。错例系读音相同、字形相近所致。

“浃”从水（氵），表示与水相关。《说文》：“浃，洽也。”“洽”也是三点水旁，声符“合”兼表相合之意；所谓“与水相合”就是沾湿、浸润的意思。这也是“浃”的本义。“汗流浃背”指满身大汗，连背上的衣服都湿透了。原本形容人极度惶恐或惭愧，类似现在说的“出了一身冷汗”，如鲁迅《坟·再论雷峰塔的倒掉》：“但我们一翻历史，怕不免有汗流浃背的时候罢。”后来也用于形容因天热或运动量大等原因而流汗很多，如《清稗类钞》：“纪文达体肥而畏暑，夏日汗流浃背，衣尽湿。”

“夹”的甲骨文字形象左右两人从腋下搀扶一个大人。本义为扶持、左右相持，是“挟”的本字。后引申出辅佐、从两个相对的方向向内用力、掺杂等义，如“夹辅”“夹菜”“夹杂”。无论哪一个义项，“夹”都与流汗扯不上关系。

嘎(戛)然而止

错例

喧天鼓乐嘎然而止，龙狮舞步骤然停歇。北京，激情四射的中华世纪坛，转瞬间一片寂静。

辨析

“嘎然而止”当为“戛然而止”。错例系字形相近所致。

“戛”音 jiá，是个会意字，下面是“戈”，上面是“首”。本义当为以戈击头，后泛指敲击。有个词叫“戛敔(yǔ)”，说的是古代在雅乐结束时，要击奏一种名为“敔”的乐器，以示乐曲终了。后来“戛”引申为形容词，加词尾“然”，常用于形容叩击、鸟鸣等响亮的声音，如苏轼《后赤壁赋》：“适有孤鹤，横江东来。翅如车轮，玄裳缟衣，戛然长鸣，掠予舟而西也。”也可表示声音突然中止或事情突然中断，如丁玲《母亲》：“花刚一传到于敏芝手中，鼓便戛然的一下停住了。”此外，“戛”还读作 gā，仅用于译名，如“戛纳电影节”。

“嘎”音 gā，只作拟声词用，没有停止、中断义。

攻艰(坚)克难

错例

这些人一旦突破旧观念束缚，就显现出自己也没想到的潜能和才华，有许多人从当年的娇里娇气，变为不怕脏累、攻艰克难的女英雄。

辨析

“攻艰克难”当为“攻坚克难”。错例系读音相同所致。

“攻坚克难”是由两个动宾结构联合而成的互文式短语，其中宾语由形容词充当。在这类短语中，两个宾语有时是同义对举的。比如：“剪恶除奸”，“恶”与“奸”同义；“举贤使能”，“贤”与“能”同义。于是，不少人按照这一规律，将“攻坚克难”写作“攻艰克难”，因为“艰”与“难”也是一组同义语素。

实际上，“攻坚”一词古已有之，意思是攻击坚固的防御工事或强大的守敌，如《管子·制分》：“故凡用兵者，攻坚则轫，乘瑕则神。”所谓“攻坚克难”就是攻克坚固堡垒和难关，喻指努力解决某项任务中最困难的问题。没有“攻艰”的说法。

草管(菅)人命

错例

此案在旧金山乃至美国全国都引起了震动。公众对克内勒夫妇纵犬行凶、草管人命的行为十分激愤。

辨析

“草管人命”当为“草菅人命”。错例系字形相近所致。

“菅”读 jiān，草字头，是一种茅草类的多年生草本植物。“草菅”即杂草、野草，常用来比喻微贱的事物。苏轼《代侯公说项羽辞》：“秦为无道，荼毒天下，戮人之父，刑人之子，如刈（yì）草菅。”唐孙华《厮养儿》：“自悲生死草菅轻，不如作君堂下犬。”“草菅人命”的意思是将人命看得像野草一样轻贱，任意摧残践踏。

"草菅"本是名词,这里作动词用,相当于"把……当作草菅一样"。这属于古汉语中常见的名词的意动用法。

"管",竹字头,本指竹笛之类的管乐器。后泛指筒形、中空而细长的物体,如"钢管""水管""血管",成语有"管中窥豹"等。"管"没有轻微、低贱之类的比喻义,"草管人命"的"管"是别字。

唇枪舌箭(剑)

错例

两人唇枪舌箭,相持不下,下边将吏因而无所适从。

辨析

"唇枪舌箭"当为"唇枪舌剑"。错例系读音相同所致。

"唇枪舌剑"的意思是唇如枪,舌似剑,形容争辩激烈,言词犀利。该成语经常被误写作"唇枪舌箭"。"剑"和"箭"虽同为冷兵器,属性和用途却截然不同。"剑"是短兵器,适合近身格斗;"箭"则是借助机械力发射的远射兵器。"剑"用于面对面公开作战,"箭"则适合暗处伤人,故有"明枪易躲,暗箭难防"的说法。

辩论时,双方你一言我一语,争在明处,而且有辩有驳,有攻有守,犹如短兵相接一般,因此用"枪"和"剑"来譬喻更为恰当。另外,"枪"与"剑"都在中国古代"四大名器"之列,"枪"被称为"百兵之将","剑"则有"百兵之君"的美誉,"枪""剑"对举更合适。

娇(矫)揉造作

错例

失声痛哭的女主人竭力想用悲恸来掩盖自己内心的恐慌。不过,她那娇揉造作的号啕却瞒不住阅历精深的伊登探长。

辨析

“娇揉造作”当为“矫揉造作”。错例系读音相近、字形相似所致。

“矫”读 jiǎo,形符是“矢”,表示与箭有关。本指揉压弯曲的箭杆,使之恢复平直。后泛指使弯曲的物体变直;进而引申为纠正、匡正,如“矫枉过正”“矫正视力”等。“揉”,篆文从火,写作“煣”,表示以火烘木,使其弯曲。荀子《劝学》:“木直中绳,𫐓以为轮,其曲中规。”这里的“𫐓”同“煣”。

可见,“矫”和“揉”意义相反:前者是把弯的变成直的,后者是把直的变成弯的。二者都是改变事物自然状态的做法,于是引申指故意做作、不自然,如“矫揉造作”。

“娇”读 jiāo,从女,指女子姿态妩媚可爱,是个形容词性语素。只有“娇柔”,没有“娇揉”。

挖墙角(脚)

错例

有些人认为,猎头公司干这种挖墙角的事不道德。

辨析

“挖墙角”当为“挖墙脚”。错例系误解词义所致。

“脚”指人和某些动物身体最下端接触地面的部分。后泛指物体最下面或最后面的部分，如“山脚”“高脚杯”“脚注”。“墙脚”即墙体最下面的部分，也叫墙基或墙根，一旦将其挖空，整面墙乃至整幢建筑物都会坍塌。因此，常用“墙脚”来比喻事物的基础，而用“挖墙脚”来比喻施行破坏手段，从根本上损害对方利益的恶意行为，如“企业用人不能只靠挖墙脚”。

“角”的本义是动物头上的角；引申指物体两个边沿相接的地方，如“桌角”“屋角”“西北角”。“墙角”即方向不同的两堵墙相接所形成的凹角或其附近的地方。此处因纵横交错且形成三角区而不易被破坏；即使遭到破坏，也不足以动摇整座建筑物。

无疑，“挖墙脚”才是正确写法。

城乡结(接)合部

错例

作为劳资双方里的劳方，我建议从事互联网脑力工作的各位，反着张一鸣的意见来，搬到郊区城乡结合部去住。

辨析

“城乡结合部”当为“城乡接合部”。错例系读音相近、意义混淆所致。

“接”，提手旁，本指两手交接；“结”，绞丝旁，本指用丝绳绾系。从造字本义可以看出，“接”和“结”都使不同事物之间发生了联系，但“接”仅仅是表面上的接触或靠近，如“接近”“交头接耳”，而“结”则强调凝结为一体，如“结盟”“结婚”。同样，“接合”

就是连接在一起，“接合”的各部分基本上是各自独立的，且有连接之处，如“把两根水管接合在一起”“断裂的骨头被医生接合起来”；“结合”则是人或事物间发生密切联系，往往是彼此融合，成为一个具有新功能的整体，如“共同的理想把他俩紧密结合在一起”“理论要结合实际”。“接合”的对象一般比较具体，而“结合”的对象通常较为抽象。

“城乡接合部”指城市与乡村之间的过渡地带，“城”和“乡”只是地理上的邻接关系，而不是组织上的结合关系，因此不能写作“城乡结合部”。

迫在眉捷(睫)

错例

当时英国的阿基鲍尔德·韦弗尔将军指出，就英国而言，头等大事就是要挽救缅甸，因为当时日军对缅甸的进攻已迫在眉捷。

辨析

“迫在眉捷”当为“迫在眉睫”。错例系读音相同、字形相近所致。

“捷”原本写作“疌”。“疌”读 jié，篆体从又（指手），从止（指脚），从屮（指草），表示拔草或种庄稼手脚麻利，本义为迅疾、灵敏。后来，“疌”成为构字部件，其本义由添加形符“手（扌）”的新造字“捷”来代替，如“快捷”“敏捷”“捷足先登”。行动迅速才能克敌制胜，于是又引申指战胜、成功，如“平型关大捷”“捷报频传”。“疌”加形符“目”构成“睫”，本义当为迅速而无意地眨眼；引申指眼睑边缘的细毛，即睫毛。

睫毛与眉毛距离眼睛都很近，因此常用“眉睫”比喻近在眼前，形容事态十分紧迫，如“迫在眉睫”“眉睫之内”等。“眉捷”无从索解。

各届（界）人士

错例

红树林被毁的消息披露后，社会舆论一片哗然，各届人士反应强烈。

辨析

“各届人士”当为“各界人士”。错例系读音相同所致。

“届”的本义为行路不便，不得前进。引申指极限，如陆云诗：“至天之届，于河之沂。”进而引申为到达规定的时间，如“届时”即到时候，“时届暮春”就是到了暮春时节。后用作量词，用于任职时间、定期的会议、毕业的班级等，略同于“期”“次”，如“第十三届全国人民代表大会”“美国第59届总统选举”。“应届毕业生”指当前一期的毕业生。

“界”本指不同地域交接的地方，如“疆界”“地界”。后泛指一定的界限、范围，如“眼界”“世界”。特指职业相似或性别相同的社会成员的总体，如“政界”“教育界”“妇女界”。

总体来看，“届”和时间有关，而“界”和空间有关。“各届人士”说不通。

藉(借)此机会

错例

石油危机使得世界发达国家受到重创，而日本却藉此机会扩大了国际市场份额。

辨析

“藉此机会”当为“借此机会”。错例系繁简误用所致。

“藉”从草(艹)，本指放置祭品的草垫，犹今之杯托、碗垫等物。由衬垫物品引申出依托、凭借义，如“藉此”“藉口”。有所依托便会感到心安，于是又有了安慰、抚慰之义，如“慰藉”。“藉”用于以上义项时读 jiè。又读 jí，如“狼藉”。《通俗编・兽畜》：“狼藉草而卧，去则灭乱。故凡物之纵横散乱者，谓之‘狼藉’。”

由于“藉”笔画繁多，不便书写，《通用规范汉字表》将表示依托、凭借义的“藉”用笔画简单的同音字“借”来代替。也就是说，在此意义上，“藉”是“借”的繁体，前面提到的“藉此”“藉口”现在应当写作“借此”“借口”。当然，“藉”只是部分意义被转移到“借”，其他意义如“衬垫”“安慰”等仍然保留下来，所以“枕藉”“慰藉”等写法不变。

一诺千斤(金)

错例

魏长法，是一个不诺则已一诺千斤的硬汉子。

辨析

“一诺千斤”当为“一诺千金”。错例系误解成语所致。

“一诺千金”的意思是许下一句诺言有千金的价值，形容说话算数，极有信用。这里的“千”是虚数，极言其多。“千金”形容钱财多，也指贵重，如秋瑾诗“不惜千金买宝刀，貂裘换酒也堪豪”。成语有“千金之家”“一掷千金”“一刻千金”等。中国古代有部医学典籍叫《千金方》，著者孙思邈认为人命贵于千金，若能以良方普济众生，功德犹胜施舍千金，故名。

再来看“千斤”。“千斤”形容分量很重，引申指极其重要、重大。如“千斤闸”指沉重的闸门；“千斤担”指很重的负担或责任；“秤砣虽小压千斤”则是比喻外表不引人注目，实际上起重大作用。

比较后发现，“千金”极言其“贵”，“千斤”极言其“重”。“一诺千金”说的是“一诺”的价值，而不是强调其重量，故不能用“斤”。

禁(噤)若寒蝉

错例

就在我们对慈善禁若寒蝉的时候，国际友人、港澳同胞却早已逾越了这道国界，将慈善之举行到了中国大陆。

辨析

“禁若寒蝉”当为“噤若寒蝉”。错例系读音相同、字形相近所致。

“噤”读 jìn，从口，禁声，“禁”兼表禁止的意思。本义为闭口不出声，如《史记·袁盎晁错列传》：“且臣恐天下之士噤口，不敢复言也!""寒蝉"指寒天的蝉。蝉在夏季长鸣不已,至深秋则逐渐死去。古人以为蝉到寒天便不能发声,因此常用"寒蝉"来嘲讽那些遇事不敢直言的人。成语有"噤若寒蝉",如"自从上次被批评后,他便噤若寒蝉,再也不敢发表意见了"。

"禁"是多音字。读 jìn 时,表示不允许,如"严禁入内";引申指关押,如"软禁""禁闭";又引申为不能随便进入或通行,如"军事禁地";用作名词,指法令或习俗所不允许的事项,如"违禁""犯禁"。读 jīn 时,指忍受、耐得住,如"情不自禁""弱不禁风""浅色衣服不禁脏"。"禁若寒蝉"讲不通。

陷井(阱)

错例

横七竖八地倒在沼泽地里的树木形成了一个个令人恐惧的陷井,他磨蹭了三个多小时,才走了一里多路。

辨析

"陷井"当为"陷阱"。错例系音同形近、意义混淆所致。

"井"是个象形字。甲骨文字形象四木交搭的井口围栏;金文在中间增加一点,《说文》认为这表示汲水的器皿。本义为水井,成语有"坐井观天"。引申指形状像水井的东西,如"矿井""天井""藻井"。古时聚井而居,因井设市,故而用"井"借指村镇等人口聚集地,"市井之徒""背井离乡"等词语便来源于此。又指古代划分为"井"字形的土地,即井田。井田方正整齐,于是又引申出有条理之义,如"井井有条""井然有序"。

"阱"是从"井"分化而来的。"阱"从阜(左耳旁),"阜"在甲骨文中为山坡阶梯之形,充当构字部件时表示地形的高低上下。

"阱"的本义为防御或捕捉野兽而挖掘的陷坑。《说文》:"阱,陷也。"显然,"陷阱"是一个同义复合词。

杀一敬(儆)百

错例

此间报纸认为,美国之所以这样大动干戈,是为了杀一敬百,防止高级人才外流。

辨析

"杀一敬百"当为"杀一儆百"。错例系读音相近、字形相似所致。

"敬"的本义为做事恭谨、严肃、认真,如《论语·子路》:"居处恭,执事敬,与人忠。"成语有"敬业乐群",意思是认真学习、工作,乐于与人探讨、交流。引申指有礼貌地对待,如"尊敬""相敬如宾"。也可表示有礼貌地奉上,如"敬茶""敬酒"。

"儆"读 jǐng,本义为警戒、戒备。《说文》:"儆,戒也。"引申指使人警醒、戒惧、不犯错误,如《淮南子·天文训》:"儆百官,诛不法。"成语有"杀鸡儆猴""以儆效尤""杀一儆百"等。"杀一儆百"指处死一个人来警告许多人,与"尊敬"毫无关系。

不径(胫)而走

错例

这首御诗不径而走。别人听了皆付之一笑,唯有嘉定县安亭大富商万二见微知著，听出了弦外之音。

辨析

“不径而走”当为“不胫而走”。错例系读音相同、字形相近所致。

“胫”和“径”声符均为“巠”。“巠”是“经”的初文，金文写作巠，本指织物的纵线；充当构字部件时，往往在表声的同时兼表竖直、细长之意，如“颈”“茎”“径”“胫”等。

“径”的形符为“彳”，指街道，与“巠”组合，表示细长的小路，成语有“终南捷径”“曲径通幽”等。“胫”的形符“月”是“肉”的形变，指人身上的皮肤或肌肉，与“巠”组合，表示人体下肢较为细长的部分，也就是小腿，与“股”（大腿）相对。《韩非子·五蠹》：“禹之王天下也，身执耒臿，以为民先，股无胈，胫不生毛，虽臣虏之劳，不苦于此矣。”后泛指腿。

“不胫而走”是说没有腿却能跑，形容传播迅速。“胫”不能写作路径的“径”。

迥（迥）然不同

错例

劳动关系与劳资关系，表面上看只是一字之差，实际上两者的涵义迴然不同，它们反映了两种不同体制下的经济关系。

辨析

“迴然不同”当为“迥然不同”。错例系字形相近所致。

“迥”音 jiǒng。形符为“辵（辶）”，读 chuò，表示与行走有关。声符是“冋”（jiǒng），兼有表意作用。“冋”在甲骨文中写作“冂”，表示临时划定的一个范围；金文中增加一个表示城邑的“口”，意味着在城邑之外，地处远郊。“冋”与“辵”组合，本义为遥远，如王勃《滕王阁序》：“天高地迥，觉宇宙之无穷。”引申指差得远，差别大。辛弃疾《念奴娇·赠夏成玉》：“雪里疏梅，霜头寒菊，迥与余花别。”用于“迥然”，形容差异很大的样子。成语有“迥然不同”等。

“迴”读 huí，是“回”的繁体，主要义项有返还、答复、掉转、曲折环绕等，如“回乡”“回信”“回头”“荡气回肠”。

“迥”和“迴”在字形上仅一笔之差，读音和字义却大相径庭，使用时要格外注意。

关关雎(睢)鸠

错例

近人有“朦胧诗派”，其实，中国自《诗经》以来，早已“朦胧”得可以。“关关睢鸠，在河之洲”，与“君子好逑”何涉？

辨析

“睢鸠”当为“雎鸠”。错例系字形相近所致。

“雎”读 jū。形符“隹(zhuī)”是个象形字，指短尾鸟；声符为“且(jū)”。“关关雎鸠”是《诗经》首篇《关雎》的第一句。“关关”为拟声词，形容鸟鸣声。“雎鸠”是一种水鸟，也叫王雎，俗称鱼鹰，相传雌雄有定偶，故借喻为君子的配偶。

“雎”很容易误写成目字旁的“睢”。“睢”也是一个形声字，不过“隹”为声符，“目”为形符。本义为张目仰视的样子，此时读 huī；成语有“万众睢睢”，指所有人的眼睛都看着上面，形容共同期待或惊奇的神情。引申指怒目对人、横暴，此时读音为 suī，如“暴戾恣睢”，意思是凶恶残暴、任意横行。“睢”和水禽风马牛不相及。

循规蹈距(矩)

错例

孔子有个名叫南宫适的学生，一贯循规蹈距，温良恭顺。

辨析

“循规蹈距”当为“循规蹈矩”。错例系读音相近、字形相似所致。

“规”指圆规，“矩”指曲尺。“规”和“矩”本为古代木工定方圆的标准工具。《孟子·离娄上》：“不以规矩，不能成方圆。”后来借以喻指一定的标准、法度或准则，可组成并列式合成词“规矩”，亦可对举构成四字短语，如“规行矩步”“中规中矩”“逾规越矩”等。成语“循规蹈矩”本指遵守规矩，不敢违反；如今多用来表示拘泥于旧准则，不敢稍加变动。

“距”，形符为“足”，本指“鸡距”，即鸡或其他鸟类腿的后面突出像脚趾的部分。有时也泛指鸡爪，如罗隐《说天鸡》：“其畜养者，冠距不举，毛羽不彰。”“冠距”即鸡冠和鸡爪。后引申为相隔的长度，即距离。

“矩”和“距”除了形、义有别外，读音也不相同：“矩”读上声，“距”读去声。

巨(剧)烈

错例

南京建都的年代，断断续续前后也不过三百多年，也算不得最长，但朝代递嬗多，社会变化巨烈。

辨析

“巨烈”当为“剧烈”。错例系读音相同所致。

“剧”原本写作“勮”，从力，豦声，表示字义与力量有关。后来“力”讹变为“刀（刂）”，成了“劇”；简化后写作“剧”。“豦”读jù，表音兼表意：它的上面是“虎”，下面是“豕（野猪）”——二者都是猛兽，缠斗起来必定激烈。可见，“剧”强调的是强度、力度，如“剧痛”“剧毒”“急剧”。它有猛烈、迅速、突如其来的意思，与“烈”义近，故而构成并列式合成词“剧烈”。

再来看“巨”。“巨”的初文象一个成年人手持曲尺之形。后来随着字义的演变逐渐分化为两个字：一个着眼于人的力气大，写作“巨”，泛指大；另一个着眼于人手中的工具，写作“矩”。“巨”描述的是规模、数量，如“巨人”“巨石”“巨款”等，不宜与“烈”搭配。

决（诀）窍

错例

此类人魄力虽不足，人事却极为圆熟，他们只遵循“不求有功，但求无过”的处事决窍，绝不去做那砸他饭碗的事。

辨析

“决窍”当为“诀窍”。错例系读音相同、字形相近所致。

“诀”和“决”声符均为“夬”。“夬”本指射箭用的钩弦器，圆而有缺口，类似于扳指。搭箭钩弦，势在必发，故而以“夬”为构件的字，往往与分离、迅速、缺口等义有关。

“夬”加“言(讠)”为“诀”，表示辞别、告别，如“诀别”；也指能让人迅速记住的要言、法则或高明方法，如“妙诀”“秘诀”“乘法口诀”。“窍”从穴，本指孔洞；经由孔洞可进入事物内部，故引申为解决问题的途径，如“窍门”。显然，“诀”和“窍”义近，可并列成词。

“夬”加“水(氵)”为“決”，简体作“决”，本指堤岸被水冲开，如“决堤”；引申指判断、必定，如“裁决”“决不后退”。无论哪个义项，“决”都与方法无关。

大放绝(厥)词

错例

他喜欢看似无心地大放绝词，却能让你在其中品到一点真理的味道。

辨析

“大放绝词”当为“大放厥词”。错例系读音相同所致。

“大放厥词”出自韩愈《祭柳子厚文》：“玉佩琼琚，大放厥词。”原本是赞扬柳宗元铺陈辞藻，字字珠玑；如今感情色彩由褒转贬，多指大发议论，夸夸其谈。巴金《随想录》三：“她只读了少得可怜的几本书，就大放厥词，好像整个中国只有她一个人读过西方的作品。”注意，这里的“厥”是代词，表领属关系，相当于“其、他的”。“厥”的这一意义先秦时就有不少用例，如屈原《天问》：“一蛇吞象，厥大何如？”“厥大”即它(指蛇)的大小。

“绝”的本义为断丝，后引申出断绝、摒弃、竭尽、独一无二等诸多义项，如“绝交”“杜绝”“绝粮”“绝技”等。尽管“绝”含义丰富，但没有“大放绝词”一说。

峻(竣)工

错例

这个项目试车成功后，我一定要请中国总部的老板来参加峻工典礼。

辨析

“峻工”当为“竣工”。错例系读音相同、字形相近所致。

“竣”和“峻”读音均作 jùn。“竣”的形符是“立”，本义为禀告结束后退立、退伏。《国语·齐语》：“有司已于事而竣。”韦昭注：“竣，退伏也。”由退伏引申为完成某项工作。《玉篇·立部》：“竣，止也。”《正字通·立部》：“竣，事毕也。”如“竣役”就是完成事务，“告竣”就是宣告事情结束，而“竣工”就是指工程完工，是一个动宾结构。

“峻”的形符是“山”，本指山高而陡峭。屈原《涉江》：“山峻高而蔽日兮，下幽晦以多雨。”成语有“崇山峻岭”。后泛指高，如“峻宇”即高大的屋宇，“峻节”即高尚的节操，“峻阀”即高贵的门第。又引申为严酷、严厉，如“严刑峻法”“形势严峻”。“峻”是形容词性语素，通常不带宾语，不与“工”组合。

K

勘(堪)舆

错 例

汤王山是商汤文化、晋郭璞勘舆文化的发祥地。商汤文化为主题的文物古迹景区，全国仅此一家。

辨 析

“勘舆”当为“堪舆”。错例系误解词语所致。

“堪舆”是中国特有的一种文化现象。“堪”从土，本义为地面突起之处。“舆”本指车厢，因车厢可载物，大地亦可承载万物，所以古人常用“舆”指代大地。东汉学者许慎对“堪舆”一词的注解是：“堪，天道也；舆，地道也。盖堪为高处，舆为下处。天高地下之义也。”可见，“堪舆”原指天地之道，是一门仰观天文、俯察地理的学问。也用作“天地”的代称，如陆龟蒙《开元寺楼看雨联句》：“须臾造化惨，倏忽堪舆变。”后来民间把那些专门相地看风水的人称作“堪舆家”。

很多人将“堪舆”之“堪”误写作“勘查”之“勘”，大概是把这个词理解成勘察地形、勘测风水的意思了。

不落巢(窠)臼

错例

要想在纪录片领域不落巢臼，形式上独具一格，就要多吸收前人经验以融合创新。

辨析

“不落巢臼”当为“不落窠臼”。错例系字形相近所致。

“窠”读 kē，“巢”读 cháo。二者虽读音不同，但字形相似，字义也很接近——都指鸟类栖息之所。《说文》解释说：“穴中曰窠，树上曰巢。”就是说，鸟搭在树上的窝叫“巢”，筑在洞里的窝叫“窠”。

由于这一细微差异，“窠”用“穴”做形符，可以指其他动物的藏身之处，如“狗窠”；也可泛指洞、坑，如“窠臼”即门臼，也就是旧式门上承受转轴的臼形小坑，喻指旧格式、老套子。“不落窠臼”是个成语，比喻文章或艺术品有独创风格，不落俗套。《红楼梦》第七十六回：“这‘凸’‘凹’历来用的人最少，如今直用作轩馆之名，更觉新鲜，不落窠臼。”“巢”没有这一用法。

中恳(肯)

错例

这个评价真的非常中恳，字字都在点子上。

辨析

"中恳"当为"中肯"。错例系不明典故所致。

"中(zhòng)肯"一词出自《庄子·养生主》中"庖丁解牛"的故事。庖丁在向梁惠王介绍自己宰牛的技巧时说:"技经肯綮(qìng)之未尝,而况大軱(gū)乎?"这句话的意思是:宰牛的刀从来没有碰过筋骨结合的地方,更何况股部的大骨呢?"肯"指附骨肉,"綮"指结节处,"肯綮"为肢体紧要之处。后即以"切中肯綮""中肯綮"或"中肯"来喻指言论击中要害或恰到好处。如鲁迅《花边文学·做文章》:"高尔基说,大众语是毛胚,加了工的是文学。我想这该是很中肯的指示了。"郭沫若《历史人物·夏完淳》:"他的著书现存的有《幸存录》一种,评议明末政局极平允而中肯綮。"

"恳"从心,本义为真诚、诚信,《广雅·释诂一》:"恳,信也。""恳切"即真诚殷切,"恳言"指诚挚之言,"勤恳"就是勤奋诚实。引申为请求,如《元史·羊仁传》:"乃遍恳亲故,贷得钞百锭,历诣诸家求赎之。"没有"中恳"的说法。

烩(脍)炙人口

错例

一首烩炙人口的《钗头凤》,诉说着一段缠绵悱恻的爱情故事。

辨析

"烩炙人口"当为"脍炙人口"。错例系字形相近所致。

"脍"读 kuài,从肉(月),本指切得很细的生肉,有时特指鱼肉。辛弃疾《水龙吟·登建康赏心亭》:"休说鲈鱼堪脍,尽西风,季鹰归未?”“鲈鱼堪脍”说的是西晋人张翰曾在洛阳做官,当秋季西风起时,因想到家乡鲈鱼脍的美味,便立即辞官回乡。“鲈鱼脍”就是切细的生鲈鱼肉,食用时,“春用葱,秋用芥”——可见,“脍”类似于现在所说的生鱼片。“炙”,会意字,从肉,从火,本义为火上烤肉,也指烤熟的肉。“脍炙人口”本指美味人人爱吃,后比喻美好的诗文或事物人人称赞。

“烩”读 huì,从火,是一种烹调方法,指菜炒熟后加芡粉拌和,如“烩三鲜”“烩虾仁”;也指把饭和各种菜混合在一起烹煮,如“大杂烩”“一锅烩”等。

“脍”和“烩”,一个生吃,一个用火加工,意思完全不同。

功亏一匮(篑)

错例

想减肥,某些食物一定要忌口,不然只能功亏一匮。

辨析

“功亏一匮”当为“功亏一篑”。错例系读音相同、字形相近所致。

“篑”和“匮”均读 kuì。“篑”从竹,本指盛土的竹筐。《尚书·旅獒》:“为山九仞,功亏一篑。”意谓堆九仞高的山,只缺一筐土而未能成功;比喻做事只差最后一点努力而没有完成,多含惋惜之意。

“匮”从匚(fāng,方形盛器),表示字义与盛放东西有关,本指柜子。医圣张仲景著有《金匮要略》,“金匮”即铜柜,古时用以存放贵重物品;以“金匮”为名,表明书很贵重,须妥善收藏和使用。“匮”由柜子中空引申出缺乏、穷尽之义。《列子·汤问》:

“昔韩娥东之齐，匮粮，过雍门，鬻歌假食。”“匮粮”即粮食断绝。常用词有“匮乏”“匮竭”。如今，“匮”专表缺乏义，其本义用添加形符“木”的“櫃”（简体作“柜”）来表示。“功亏一篑”的“篑”不能写作“匮”。

L

腊(蜡)黄

错例

吴先生看我面色腊黄,知道我一夜未归,好心劝我去睡一下。

辨析

“腊黄”当为“蜡黄”。错例系读音相同、字形相近所致。

“蜡”从虫,本指苍蝇幼虫;后被用作“蠟”的简化字,指动物、植物所产生的,或石油、煤、油页岩中所含有的油质,常用来制蜡烛或防水剂。先民最早发现并使用的蜡是虫类所产的蜡,即蜂蜡,也叫蜜蜡。蜂蜡多为淡黄色,因此常用“蜡黄”形容人脸色不好,偏黄偏暗。

“腊”本读 xī,意思是干肉或制成干肉,所以形符为“肉(月)”。后被借作“臘(là)”的简体,指古代在农历十二月举行的一种祭神仪式,如《左传·僖公五年》:“虞不腊矣,在此行也,晋不更举矣。”这里的“不腊”便是不能举行年终腊祭的意思。引申指农历十二月,如晏殊词“腊后花期知渐近,寒梅已作东风信”。进而表示腊月乃至整个冬天腌制后风干或熏干的肉,如“腊肉”“腊鸡”“腊肠”。“腊黄”讲不通。

顺便说一下，“蜡梅”与“腊梅”两种写法都有，这种情况缘于命名角度的不同：“腊梅”得名于开花时节，“腊”指寒冬腊月；而“蜡梅”着眼于花的颜色，认为此花淡黄莹润，色泽与蜜蜡接近，所以用“蜡”。李时珍《本草纲目·木三·蜡梅》：“此物本非梅类，因其与梅同时，香又相近，色似蜜蜡，故得此名。”在《现代汉语词典》等工具书中，“蜡梅”为推荐词形。

死皮癞(赖)脸

错例

人家都挺忙，谁也不愿意接待，我就揣上两盒前门烟，死皮癞脸地跟人家磨，总算把技术学到了手。

辨析

“死皮癞脸”当为“死皮赖脸”。错例系读音相同、意义混淆所致。

“死皮赖脸”是个贬义词，常用来形容人不顾羞耻，一味纠缠。《红楼梦》第二十四回：“还亏是我呢，要是别的，死皮赖脸的三日两头儿来缠舅舅要三升米两升豆子的，舅舅也就没有法儿呢。”“死皮赖脸”不能写为“死皮癞脸”。

“赖”从贝，本指赢利。财利是生活的依靠，故引申为依赖、凭恃，如“百无聊赖”就是精神没有寄托的意思。把责任推给他人也是一种依赖，由此逐渐引申出抵赖、不讲理、刁滑顽劣等义项，如“耍赖”“死乞白赖”等。“死”也有顽固、不可理喻的意思，如“死心塌地”“死缠烂打”，因而能够与“赖”同义对举。“死皮”即“赖脸”，都是形容人厚颜无耻、胡搅蛮缠之状。

“癞”，病字头，表示与疾病有关，通常指恶疮、顽癣。“癞皮”

指身患顽癣，毛秃皮厚，如“癞皮狗”。

总之，“赖”是品行不好，“癞”指皮肤病变。

陈词烂(滥)调

错 例

这样的诗剧语言通常是通俗的，铿锵的，可以清新而奇美，但也可以为了戏剧效果而变得相反。甚至陈词烂调也有用处。

辨 析

“陈词烂调”当为“陈词滥调”。错例系读音相同所致。

“滥”从水（氵），本指大水漫出，如“泛滥”；后引申出过度、任意、虚妄不实等义，如“滥收费”“乱砍滥伐”“滥套子”等。“烂”从火，本义是将食物煮得松软；引申为腐烂、破碎，如“腐鱼烂虾”“海枯石烂”；进而引申指头绪乱，如“一笔烂账”“烂摊子”等。

“陈词滥调”是由两个近义词构成的并列式成语：“陈词”即陈腐、过时的话语；“滥调”指陈旧的，一再重复而流于空泛、不切实际的言论。可见，“陈词滥调”说的是内容缺乏新意、令人腻烦，而不是指某种具体事物的朽烂、破败，所以不能写作“陈词烂调”。

绝不类(雷)同

错例

普通观众看到的是一张赏心悦目的画，美术爱好者看到的是一张有表现力、基本功扎实的力作，收藏家看到的是一张与别人绝不类同的创作品，有其唯一性。

辨析

“绝不类同”当为“绝不雷同”。错例系读音相近、词义混淆所致。

“雷同”一词出自《礼记·曲礼》：“毋剿说，毋雷同。”意谓不要抄袭他人言论，不要附和他人意见。郑玄注：“雷之发声，物无不同时应者。人之言当各由己，不当然也。”大意是说，打雷时万物都会同时响应，但人应当有自己的见解，不能像万物闻雷声而响应那样随声附和。于是，“雷同”便有了随声附和、人云亦云之义，如杜甫《前出塞》诗之九：“众人贵苟得，欲语羞雷同。”后引申指不该相同而相同。如今，该词多用来批评文艺作品缺乏新意、千篇一律。

“类同”指品类相同，也指类似、大致相同，如“形式类同”“方法基本类同”。

羸／赢(羸)弱

错例

① 信中称父已病故，母体赢弱，负债难还，弟妹辍学，冀望

借笔钱渡过难关。

② 七岁时，他生了一场大病，身体愈发赢弱了，于是，父母想办法为他弄来四盒人参蜂王浆。

辨析

“嬴弱”“赢弱”当为“羸弱”。错例系字形相近所致。

“嬴”读 yíng，从女，是一个古老的姓。一般认为，从女的古姓可追溯至原始社会母系氏族制度时期。嬴姓为春秋战国时代的秦国、赵国以及后来的秦王朝的国姓。

“赢”读 yíng，从贝（货币），本指经商获利，如“赢利”。后泛指有余、剩余，如《三国志·诸葛亮传》：“若臣死之日，不使内有余帛，外有赢财，以负陛下。”由获利引申指获胜，如“这局棋赢定了”。进而引申指落得某种结局，如辛弃疾词“元嘉草草，封狼居胥，赢得仓皇北顾”。

“羸”读 léi，从羊，本义为瘦。引申指衰弱、疲惫、贫困。《资治通鉴·汉纪五十七》：“羸兵为人马所蹈藉，陷泥中，死者甚众。”“羸兵”指疲弱的士兵。“羸弱”即软弱无力，也指身体瘦弱之人或贫弱无依的百姓。

从形符入手，就能将这三个形近字区分开来。

发楞(愣)

错例

据老师反映，孩子最近上课注意力不集中，吃饭特别慢，还经常发楞。

辨析

“发楞”当为“发愣”。错例系字形相近所致。

“楞”“愣”“棱”三个字的关系比较复杂。“棱”与“楞”都读léng,原本是因造字方法不同而产生的一对异体字:“棱”,形声字,从木,夌声,本义为有四角的木,后泛指物体的条状突起,如“棱角”;“楞”,会意字,从木,从四,从方,即“四方木”之义。与圆木相比,方木有棱有角,不易滚动,或许是由于这个缘故,“楞”字也被用来表示人一动不动、发呆失神的状态,读音变为 lèng。后来,由于受形声字发展的影响,人们把“楞”的木字旁更换为竖心旁——认为“失神”是一种心理状态,应当用“心”来充当形符。这样,“楞”和“愣”又成为一对异体字。

如今,“愣”被确定为规范字形,而“楞”逐渐被边缘化,不仅不再承担愣怔义,连棱角义也有被“棱”取代的趋势。不过,在“瓦楞”及音译外来词“楞严”“楞伽”等词语中,仍然用“楞”。

鼎立(力)相助

错例

有这样一批忠肝义胆的部下鼎立相助,也难怪旅行者集团能在金融服务业纵横驰骋。

辨析

“鼎立相助”当为“鼎力相助”。错例系读音相同、词义混淆所致。

“鼎”是古代一种器皿,是炊器、盛器,也是宗庙的礼器和墓葬的明器。相传夏禹铸九鼎,历商至周,为传国重器,于是“鼎”成为王位、帝业和政权的象征;由此引申出显赫、盛大之义,如

“鼎族”指豪门贵族,“鼎能”指极高的才能,而“鼎力”指非常重要的力量。“鼎力相助”即大力帮助,一般用于对人有所请托或表示感谢时说的客气话,属于敬辞,不能用于自己,如“多谢兄台鼎力相助,不胜感激”。

注意,“鼎力”与“鼎立”词义完全不同,不能混用。“鼎立”指三个方面或三种势力并立的局势,因圆鼎一般有三足来支撑,故而有此说法。

变本加利(厉)

错例

生活从来不会可怜一个无上进心的人,只会变本加利地惩罚这种人。

辨析

“变本加利”当为“变本加厉”。错例系读音相同、意义混淆所致。

“变本加厉”出自萧统《文选·序》:“盖踵其事而增华,变其本而加厉。”意思是事物都是在原有的基础上加以改变而逐渐发展完善起来的。后来这个成语多用于表示情况变得比原先更加严重,含有贬义色彩,如《二十年目睹之怪现状》第六十八回:“久而久之,变本加厉,就闹出这邪说诬民的举动来了。”

应当注意的是,这里的“本”是指事物本来的状态,而不是指本钱、成本;这里的“厉”指的是猛烈、程度深,与利息、利润无关。“变本加厉”误作“变本加利”,大概是受“一本万利”等成语的影响所致。

再接再励(厉)

错例

向“天鹅”号全体科技人员学习、致敬！希望你们再接再励，夺取更大的胜利！

辨析

“再接再励”当为“再接再厉”。错例系不明典故所致。

“厉”的形符为“厂(hàn)”。“厂”在甲骨文中为山崖之形，从“厂”取义的字往往与山石有关。“厉”本指磨刀石。朱骏声解释说：“精者曰厎(dǐ)，粗者曰厉。”就是说，精细的磨刀石叫“厎”，粗糙的叫“厉”。后来此二义另加形符“石”来表示，“砥砺”一词即来源于此。因本义为磨刀石，所以“厉”引申为磨、磨快，如“再接再厉”“厉兵秣马”。

“再接再厉”出自唐代诗人韩愈和孟郊的《斗鸡联句》：“一喷一醒然，再接再砺乃。”原本是说公鸡相斗时，每次扑啄前都要把嘴磨利；现在常用于勉励人继续努力，再加把劲。因“励”有劝勉、鼓励的意思，很多人便想当然地将这个成语写作“再接再励”，这是不正确的。另外，在现代汉语中，“磨”这一义项要用“厉”的加旁分化字“砺”来表示，因而“再接再厉”亦可写作“再接再砺”，但前者为推荐词形。

老俩(两)口

错例

住所并不宽敞，老俩口依然把儿子打发到集体宿舍去住，而让她有自己的一间小屋。

辨析

“老俩口”当为“老两口”。错例系读音相近、意义混淆所致。

“俩”从人，两声，“两”兼表“二”或“少”的意思。“俩”是个多音字：在“伎俩”一词中读 liǎng；作数量词时读 liǎ，学界一般认为“俩”是“两”和“个”的合音形式，在语感上有亲切的意味。数量词“俩”通常用在名词或代词后面，表示两个，如“哥俩”“咱俩”“夫妻俩”。如果“俩”出现在名词前，通常表示为数不多的几个，如“借俩钱花花”“仨瓜俩枣”；特定语境中，“俩”后的名词可以省略，如“老将出马，一个顶俩”。

要注意“俩”和“两”的用法差异：“两”的后面可以有量词，“俩”的后面则不接量词。比如，不能说“老俩口”“他们俩个”，只能说“老两口”“他们两个”。

黄粱(梁)美梦

错例

黄梁美梦非长久，醒来空空总是无。

辨析

“黄梁美梦”当为“黄粱美梦”。错例系不明典故所致。

“黄粱美梦”出自唐代传奇小说《枕中记》：一个姓卢的落第书生在邯郸一家客店向道士吕翁诉说自己的穷困，道士听罢便将一个瓷枕借给他。卢生倚枕入睡，在梦中金榜题名，封妻荫子，一生享尽荣华富贵。待梦醒后，却发现周遭一切如故，而店家煮的黄粱饭还没熟呢。后用“黄粱美梦”比喻虚幻的事或不切实际的如意打算，含讥讽意。追述南宋都城临安城市风貌的著作《梦粱录》便得名于此。“黄粱”主要产于中国北方，是古代黄河流域重要的粮食作物，去壳后称为黄米、糜子、黄小米等。杜甫《赠卫八处士》诗云：“夜雨剪春韭，新炊间黄粱。”

“粱”是粟米的一种，故而从米；而“梁”从水（氵），从木，本指“水上木”，也就是桥。所谓“津梁”就是渡口和桥梁，喻指能起引导、过渡作用的事物或方法。“粱”与“梁”不是一回事。

缭（潦）草

错例

生命被书写成缭草和工整两个版本，再被时间冲刷得褪去颜色，难以辨认……

辨析

“缭草”当为“潦草”。错例系读音相同、字形相近所致。

“潦”从水（氵），本义为雨大的样子，读作 lǎo，与“涝”同源。《说文》：“潦，雨水大貌。”《玉篇》：“潦，雨水盛也。”引申指雨后积水，如王勃《滕王阁序》：“潦水尽而寒潭清，烟光凝而暮山紫。”积水过多就会漫溢横流，如同野草杂乱生长、肆意蔓延一样，于是“潦”和“草”搭配成词，表示做事毫无章法，不认真，不仔细，读音也变作 liáo，如《朱子语类·训门人四》：“今人事无大小，皆潦草过了。”引申指字迹不工整。

“潦草”容易错成“缭草”。“缭”从糸（纟），本义为缠绕，如“歌声缭绕”。引申指纷乱，如“眼花缭乱”。后来又引申指一种缝纫方法，如“衣服开线了，帮我缭上几针”。没有“缭草”的说法。

西泠（冷）印社

错例

西冷印社广下“英雄帖”，海内外丹青高手将决战钱塘江畔。

辨析

“西冷印社”当为“西泠印社”。错例系字形相近所致。

西泠印社创立于1904年，是海内外研究金石篆刻历史最悠久、成就最高、影响最广的学术团体。因社址靠近西湖景区中的西泠桥而得名。令人遗憾的是，这百年名社却屡屡被人误书其名，写作“西冷印社”。

“冷”读lěng，左边的“冫”是“冰”的形变，意思是温度低，与“热”相对。“泠”读líng，从水（氵），有清澈明净之义，与“浊”相对，如唐顺之《雁训》：“濯泠波以修容，扬轻飔（sī）而整仪。”引申指清凉、冷清。宋玉《风赋》：“清清泠泠，愈病析酲。”亦可表示轻柔、轻妙之状。《庄子·齐物论》：“列子御风而行，泠然善也。”进而引申为声音清越，如吴均《与朱元思书》：“泉水激石，泠泠作响。”

“冷”和“泠”仅一点之差，但音义皆殊，切不可张冠李戴。

一咎（绺）头发

错例

妈妈跪在杂草丛中掩面而泣，额前的一咎头发在风中轻轻飞扬。

辨析

“一咎头发”当为“一绺头发”。错例系字形相近所致。

“绺”音 liǔ，绞丝旁，表示与丝线有关。本义为纬线十缕，是计算丝线的量词，如“一绺麻”“一绺线”等。后使用范围扩大，亦可用于其他集聚在一起的细丝状物，类似于“束”，如“三绺长髯”“几绺头发”。

“咎”音 jiù，本指灾祸、灾难，如贾谊《吊屈原赋》：“嗟苦先生，独离（通“罹”）此咎兮。”引申指过错、罪过。如“引咎辞职”就是将过失归于自己，并辞去相关职务；“难辞其咎”就是难以推脱其过失；“咎由自取”是说过错或祸患是自己招来的，相当于“自作自受”。“咎”还可用作动词，表示责备、责罚，成语有“既往不咎”，意思是对以往的过错不再责备。无论哪一种含义，“咎”都与发丝没有丝毫联系。

大桥合拢（龙）

错例

随着最后一方混凝土的浇筑完成，横跨四川和云南两省的鸡鸣三省大桥主拱圈顺利合拢。

辨析

“合拢”当为“合龙”。错例系误解词义所致。

报刊上将“大桥合龙”误作“大桥合拢”的情况屡见不鲜。“合龙”是科技术语，用于桥梁、堤坝等工程。在修筑桥梁、堤坝或围堰时，要先从两端开始施工，最后在中间对接。在中国古代传说中，龙掌水，可镇水患，因此桥梁等建筑中间的对接口被形象地称为“龙口”或“龙门”，在龙口对接的过程则叫作“合龙”或

“合龙门”。

“合拢”则是普通词语，使用范围较广，泛指一般事物的闭合或将各种事物合并到一起，如“双臂合拢”“炮火从三面合拢来”“队伍合拢到一起”。引申指双方意见或态度一致，如《官场现形记》第四十一回：“钱谷老夫子一看，事情不会合拢，也就搭讪着出去，不来干预这事。”

水笼(龙)头

错 例

2008 年金融危机之后，美联储拧开的“水笼头”力道过猛，导致美元膨胀，其实际的含金量也变得越来越低。

辨 析

“水笼头”当为“水龙头”。错例系不明典故所致。

龙是我国古代传说中一种神异的动物，能兴云降雨，并掌管四海之水。因此，将自来水管上控制水的流止的阀门称为“水龙头”，是一种十分形象的说法。

“笼”本指用竹篾等材料编成的镂空器皿，能盛放或罩住物品，还可关养鸟兽。引申为动词，表示罩住、套住、约束。“笼头”指套在牛、马等牲畜的头上，用来系缰绳、挂嚼子的用具，如《红楼梦》第八回：“他是没笼头的马，天天逛不了，那里肯在家一日呢？”“笼头”也叫“络头”“络脑”，如鲍照诗“骢马金络头，锦带佩吴钩”，李贺诗“何当金络脑，快走踏清秋”。亦指套在犯人头上的刑具。《资治通鉴·齐纪一》：“有司囚法秀，加以笼头，铁锁无故自解。”

总之，“龙头”和“笼头”意思完全不同。

杀戳(戮)

错例

南京30万无辜同胞被残酷杀戳的血腥事件，就是日军侵华暴行中最突出、最典型、最有代表性的铁证。

辨析

“杀戳”当为“杀戮”。错例系字形相近所致。

“戮”“戳”二字，形符均为“戈”。戈是中国古代一种重要的兵器，以“戈”为形符的字，本义通常与战事有关。

“戮”读 lù，意思是杀。如《国语・齐语》：“寡君有不令之臣在君之国，欲以戮之于群臣，故请之。”这个字在现代汉语中使用频率不高，仅见于“杀戮”“屠戮”等少量词语，成语有“引颈就戮”等。

“戳”读 chuō，本义为用兵器刺击，如：“用你的矛来戳你的盾，会怎么样呢?”后泛指用物体尖端触或刺，如“戳脊梁骨”“笔尖把纸戳破了”“戳穿阴谋”等等。盖图章时要用力向下戳，所以“戳”又引申为图章、印记，由动词演变为名词，如“邮戳”“签字盖戳”。“戳”在现代汉语中还是比较常见的。

频律(率)

错例

说起来，艺术无非是千方百计产生一种频律，在展示过程中加强这个频律，听者、读者用感官得到这个频律，从而使自己的情感中枢放电。

辨析

“频律”当为“频率”。错例系读音相同、意义混淆所致。

“率”读 lǜ 时，表示按某种标准计算的结果，或者说，是两个相关的数在一定条件下的比值。如“圆周率”是圆的周长与直径的比值，“利率”为一定时期内利息额与本金的比值，“出勤率”则是实际出勤人数与应该出勤人数的比值。

“律”是指人为制定的规则，如“纪律”“法律”“清规戒律”。也指对事物发展变化规律的科学概括。如“惯性定律”是指一切物体在不受外力作用时，总保持静止状态或匀速直线运动状态的客观规律；“元素周期律”则是指元素的性质随着元素原子序数的递增而呈现周期性变化的规律。

“频率”指单位时间内完成周期性变化的次数，是一个具体的数值，而不是某种法则、规律。因此，“频率”不能写成“频律”。

痉孪(挛)

错例

就在这千钧一发之际，我抓住一棵树的树干站了起来，却因恐惧出现了胃痉孪。

辨析

“痉孪”当为“痉挛”。错例系读音相同、字形相似所致。

“挛”和“孪”都是形声字，上声下形。上面的声符简化前写作“䜌”，读 luán，从糸，兼表系绑、相连之意。

“挛”，形符是“手”，本义为捆绑、牵系、束缚，如陆采《怀香记·毕姻封锡》：“伉俪恩浓，唱随道始，赤绳早挛双踵。”被绑缚后手脚自然无法伸直，于是引申指手足蜷曲的病症，如柳宗元《捕蛇者说》：“然得而腊之以为饵，可以已大风、挛踠、瘘、疠，去死肌，杀三虫。”亦指肌肉突然不自主地收缩，如“筋挛骨缩”“挛缩”“痉挛”等。“痉挛”俗称“抽筋”，是一种病症，多由中枢神经系统受刺激引起。

“孪”，形符是“子”，意思是一胎连生两个孩子，也就是通常所说的“双胞胎”。“痉挛”的“挛”不能写作“孪生子”的“孪”。

攻城掠(略)地

错 例

商场如战场，如果一个企业家对气候变化十分敏感，注重搜集气象信息，不但能未雨绸缪，避免风险，而且可以抓住稍纵即逝的机会，在天时地利中攻城掠地，提高自己的市场占有率。

辨 析

“攻城掠地”宜改为“攻城略地”。错例系读音相同、意义混淆所致。

“略”从田，本义为经营土地，划定疆界，如《左传·昭公七年》：“天子经略土地，定城国，制诸侯。”引申指占领、抢夺。《史记·白起王翦列传》：“秦因乘胜略定荆地城邑。”“略定”指攻克平定。又由经营土地引申指计划、计谋，常用词有“策略”“方略”“战略”“雄才大略”等。

“掠”从手(扌)，本义为抢夺，如“掠夺”“掳掠”。成语有“掠人之美”，意思是夺取别人的成绩或荣誉归自己所有。抢掠行径往往出手迅速，一闪而过，于是“掠”又引申指轻轻拂过或擦过，如“燕子掠过湖面”“嘴角掠过一抹微笑”。

“略”和“掠”都有抢夺的意思，但“略”多用于土地、城邑，而“掠”一般用于财物、人员、名声等，所以在正式、严肃的文本中，宜用“攻城略地”。顺便说一下，近些年流行的“攻略”一词其实就是“攻城略地”的缩略语。日本的电子游戏开发商将游戏通关技巧形象地称为“攻略”。该词很快回流到汉语中，词义也逐渐扩大，可泛指达人们提供的各种生活窍门或指南，如“丽江旅游攻略”“新手买房攻略”等。

美仑(轮)美奂

错例

腾空而起的礼花，把金鸡湖照耀得美仑美奂。

辨析

“美仑美奂”当为“美轮美奂”。错例系读音相同所致。

成语“美轮美奂”出自《礼记·檀弓下》，讲的是春秋时晋国大夫赵武建造的宫室落成后，人们纷纷前往致贺。大夫张老赞叹道：“美哉轮焉！美哉奂焉！”“轮”本指车轮，因旧式车轮高大，故引申出高大之义；“奂”，鲜明华美的样子，后写作“焕”。“美轮美奂”原本形容建筑物雄伟壮观、富丽堂皇；现在使用范围扩大，也可以形容装饰、布置等美好漂亮，如“新建成的摩天大厦，不论外观还是内部装潢，都称得上美轮美奂”。

“仑”是个会意字，甲骨文字形为，从亼(jí，表聚合)，从册(编竹简)，意思是编排完整，有次序。引申指次序、条理、思绪，此义后来用“伦”来表示。“仑”不能用来替换“轮”。

罗(啰)唆

错例

学位论文题目要简明、确切,不罗唆,抓重点,懂取舍。

辨析

“罗唆”当为“啰唆”。错例系读音相近、字形相似所致。

“啰”从口,罗声,《广韵》释作“小儿语”。小儿说话往往重复烦琐,于是衍生出吵闹、喋喋不休之类的意思。用于“啰唆”,表示语言琐碎。《官场现形记》第三十四回:“偏偏碰着这位老先生极其啰唆,又是极其小心,见面之后,问长问短。”也可表示打扰、麻烦。《红楼梦》第四十九回:“如今香菱正满心满意只想做诗,又不敢十分啰唆宝钗,可巧来了个史湘云。”由于该词为拟声式联绵词,书写符号只记音不表意,因而写法一度混乱,曾有“罗嗦”“罗索”“罗苏”“啰唆”等多种书写形式;如今规范化,统一写作“啰唆”。

“罗”的甲骨文字形为,象网中有鸟,本义为用网捕鸟,如“门可罗雀”。也指捕鸟网,成语有“天罗地网”“自投罗网”。又引申出搜求、囊括、陈列等义项,如“网罗人才”“包罗万象”“星罗棋布”等。如今“罗”不再用作记音符号,也没有言语琐碎之类的意思。

M

干嘛(吗)

错例

被拘留后，她非常后悔自己当初“没有想太多就转发”的行为，因为此前一直觉得网络上可以“想干嘛就干嘛”，“不用负责任”。

辨析

“干嘛”当为“干吗”。错例系读音相近所致。

“嘛”读轻声 ma，是个语气助词。常用在陈述句句尾，表示道理显而易见，如“不用紧张，一回生两回熟嘛”，“不用谢，这是我的分内事嘛”。还可表示期望或劝阻，如“你就试一试嘛”，“他心情不好，你就少说几句嘛”。也可以用在句中停顿处，引起听读者对下文的注意，如“道理嘛，我可说不上来”，“这辆车嘛，早该报废了”。

“吗”是个多音字。读轻声 ma 时，用作语气助词，表示疑问或反诘，如“你明天在家吗？”“难道我做得不对吗？”读阳平 má 时，用作疑问代词，相当于“什么”。“干吗”即干什么，“吗事”即什么事，“要吗有吗”即要什么有什么。多见于方言或口语，如：

"你找我干吗？""他身体好，吃吗吗香。"

"嘛"没有代词的用法。"想干嘛就干嘛"是错误的写法。

蛛丝蚂(马)迹

错例

在没有任何线索的情况下，王小鹰和她的丈夫及朋友，沿着两家之间的那条路，来来回回地走着，想寻找些许蛛丝蚂迹。

辨析

"蛛丝蚂迹"当为"蛛丝马迹"。错例系误解词义所致。

在成语"蛛丝马迹"中，"蛛"是指蜘蛛，这是没有异议的；但对于"马"，却是众说纷纭。有人说就是牛马的马；也有人认为蜘蛛与牛马是完全不同的两种动物，不宜对举，这里的马是指"灶马"——一种穴居于柴灶旁的昆虫。所谓"蛛丝马迹"就是蜘蛛织网垂下的细丝，马蹄踩过或灶马爬过留下的痕迹，比喻隐约可寻的线索和迹象。

无论这里的"马"是指马匹还是灶马，都不能写成"蚂"。也许有人会说，这个"蚂"有可能是"蚂蚁"的简称。事实上，古人称蚂蚁为"蚁"，成语有"如蚁附膻"，"千里之堤，溃于蚁穴"等，没有单用"蚂"字来指称这种动物的情况。

名列前矛(茅)

错例

官方权威发布行业平均工资，科学研究和技术服务业名列前矛。

辨析

“名列前矛”当为“名列前茅”。错例系不明典故所致。

成语“名列前茅”出自《左传·宣公十二年》，说的是春秋时代楚国行军时，会让人拿着茅草走在队伍的前面，一旦发现敌情，就会举茅示警，让后边的大部队知道。因此，先头部队被称为“前茅”。李商隐《寄太原卢司空三十韵》诗：“内草才传诏，前茅已勒铭。”意谓诏令刚刚传达，先头部队就已立下战功。后来用“名列前茅”表示名次排在前面。

还有一种解释是，这里的“茅”不是指茅草，而是“旄”的假借字或通假字。“旄”音 máo，指杆顶饰有牦牛尾的旗帜，引申为令旗、指挥旗，如岑参诗“上将拥旄西出征，平明吹笛大军行”。

无论“茅”究竟指何物，作为约定俗成的成语，“名列前茅”的写法已固定下来。“矛”指古代的一种长柄有刃的兵器，无关前后排序，没有“前矛”的说法。

笑咪咪(眯眯)

错例

她有着金光闪闪的头发和一双黑黑的、笑咪咪的眼睛。每个孩子都喜欢她、敬慕她。

辨析

“笑咪咪”当为“笑眯眯”。错例系读音相同、字形相近所致。

“眯”，形声字，从目，米声，“米”兼表细小之物的意思。《说文》：“眯，草入目中也。”本义为草籽等异物进入眼睛，一时不能睁开看东西，读 mí，如“灰尘眯了眼”。引申指眼皮微合，读音变作 mī，如“眼睛眯成一条缝”“眯缝着眼睛”。又引申为打盹、小睡，如“在沙发上眯一会儿”。“眯”叠用，可以用来形容人因为高兴而上下眼皮稍稍合拢的神情，如老舍《二马》：“嘴唇儿往上兜着一点，和他笑眯眯的眼睛正好联成一团和气。”

“咪”也是形声字，从口，原本同“咩”，指羊叫声；后用来表示猫叫声或唤猫声，通常叠用，如“小猫咪咪叫”。写作“笑咪咪”是不合理的。

羁靡（縻）

错例

腾冲在西汉时称滇越，东汉属永昌郡，唐设羁靡州，南诏时设腾冲府。

辨析

“羁靡”当为“羁縻”。错例系读音相近、字形相似所致。

“羁”读 jī，从网（罒），从革，从马，表示用皮革制成的网状物来约束马匹。本义为马笼头。“縻”音 mí，从糸（mì，丝绳），麻声，“麻”兼提示字义，合起来表示用麻制成的系牛的绳索。“羁”和“縻”都是制约牲畜的工具，构成同义复合词“羁縻”，有维系、笼络、怀柔等含义，如《三国志·吴书》：“臣闻圣王之御远夷，羁縻而已。”也指牵制、束缚，如《红楼梦》中林黛玉诗：“尸居余气杨公幕，岂得羁縻女丈夫？”引申指拘禁，如文天祥《〈指南录〉后序》：“予羁縻不得还，国事遂不可收拾。”

“靡”是多音字。一音 mí，意思是浪费，如“奢靡”。一音 mǐ，意思是没有，如“靡不有初，鲜克有终”；还可表示倒下，成语有

"所向披靡";又由倒伏引申为柔弱、颓废,如"靡靡之音"。"靡"和"羁"无法搭配成词。

风糜(靡)　萎糜(靡)

错例

① 她一生著述甚多,小说《八月的枪声》曾获普利策文学奖,在美国风糜一时。

② 人生如一支歌,应该多一些激昂的旋律,少一些萎糜的音符。

辨析

"风糜""萎糜"当为"风靡""萎靡"。错例系读音相近、字形相似所致。

"靡"从非,麻声。"非"在古文字中象相背展开的双翼,有分散、相反的意思;"麻"则兼表纷乱之意。"靡"的本义是草木分散倒伏的样子,读 mǐ。后泛指散乱、倒下,如《左传·庄公十年》:"吾视其辙乱,望其旗靡,故逐之。"所谓"风靡"就是草木随风倾倒,喻指归顺、倾慕、竞相效仿。《梁书》卷一:"若郢州既拔,席卷沿流,西阳、武昌自然风靡。"《唐才子传》:"海内称四才子,亦曰'四杰',效之者风靡焉。"

"萎"和"靡"一样,原本也是形容花草树木的。"萎"指植物枯槁凋零,如《诗经·谷风》:"无草不死,无木不萎。""萎"和"靡"组合成词,常用来比喻意志消沉、精神不振的样子,如"精神萎靡""萎靡不振"。

"糜"有两个读音,意思都和"米"有关。读 méi 时,指一种谷类作物。读 mí 时,本义为粥。据《晋书》记载,西晋惠帝听闻国内发生饥荒后，昏聩地问左右近臣：百姓无饭吃，“何不食肉糜？”“肉糜”即肉粥。

没有“风糜”“萎糜”的写法。

汩（汨）罗江

错例

“阿姨，我要唱歌。”说着，思影竟轻声哼了起来，“五月里，端阳到，汩罗江上好热闹，好热闹……”

辨析

“汩罗江”当为“汨罗江”。错例系字形相近所致。

汨罗江，水名，在今湖南省北部，相传战国时期大诗人屈原自沉于此。“汨”读 mì。《说文》解释说，此字“从水，冥省声”，就是说，它的形符为“水（氵）”，声符为“冥”的减省，即“冥”字的中间部分。“冥”的本义是光线昏暗，故而从日。由此可以判断，“汨”的右边为“日（rì）”，而不是“曰（yuē）”。

如果写作“曰”，那就变成了另外一个字——“汩”。“汩”有两个读音。读 yù 时，本指水疾流的样子，后泛指迅疾之状，如屈原《离骚》：“汩余若将不及兮，恐年岁之不吾与。”读 gǔ 时，有淹没、湮灭的意思，如“汩没”；还可叠用为“汩汩”，形容水流动的声音，如《老残游记》第三回：“池中流水，汩汩有声。”

神密(秘)

错例

活动期间,将有20余万来自海内外的航空爱好者和热心观众观看表演,探访神密的三星堆古蜀文明。

辨析

"神密"当为"神秘"。错例系读音相同、意义混淆所致。

"秘"最早读bié,从禾,必声,本义为香草、香气。大概采集香草是一件辛苦的事,故而引申为辛劳,读音也变为bì。读mì时是"祕"的假借字。"祕"从示(礻)。"示"在甲骨文中为祭台之形,从"示"取义的字多与祭祀、礼仪有关。"祕"的本义为神,故而引申出不可测知之义。"密"的形符是"山",提示字义暗含隐曲幽深的意味,由此引申出"不为外人所知"一类的意思。

"秘"和"密"都有隐蔽性、不公开性,但侧重点不同:"秘"原指鬼神之事,强调内容本身具有神秘性,客观上不易知晓,如"秘史""秘笈""秘诀";"密"则是人为之事,强调主观上刻意隐瞒,不想让人知道,如"密谈""密谋""密室""保密"。"神秘"是指神不可测,秘不可知,宜用"秘"。

夏丐(丏)尊

错例

夏丐尊的文字朴素平淡,却不乏浓郁的情致和丰富的想象。

辨析

“夏丐尊”当为“夏丏尊”。错例系字形相近所致。

“丏”和“丐”字形相似，但音、义完全不同。“丏”音 miǎn，本义为遮蔽不见，也指避箭的短墙。“丐”读 gài，指乞求、请求。孙文《〈黄花岗七十二烈士事略〉序》：“邹君海滨，以所辑黄花岗烈士事略丐序于予。”“丐序于予”即请我作序。引申指乞讨者，即“乞丐”。

夏丏尊为现代著名文学家、教育家、出版家和翻译家，原名铸，字勉旃(zhān)。1912 年，社会上盛传要进行普选，夏先生不愿当选，遂改名“丏尊”，以代替读音相近的“勉旃”，有意让选举人将“丏”误写作“丐”而致选票作废。后来虽然并未真的实行普选，但他的名字却就此改了过来。“丏”使用频率极低，又与“丐”形似，使用时须慎之又慎。

沉缅(湎)

错例

一种自暴自弃的心理促使着他，使他愈发沉缅酒色，胡作非为，以排遣心中的愤懑。

辨析

“沉缅”当为“沉湎”。错例系读音相同、字形相近所致。

“湎”从水(氵)，本指沉迷于酒。《尚书·酒诰》：“罔敢湎于酒。”意思是不敢沉迷于酒。“沉湎”相当于“沉溺”，多指嗜酒。《文心雕龙·辨骚》：“娱酒不废，沉湎日夜。”后泛指沉迷、迷恋，多用于形容陷入某种不良嗜好或消极精神状态而难以自拔，如“沉湎于游戏”“沉湎于幻想”“沉湎于忧伤”等等。

"缅"从糸(纟),本义为细丝。由细丝的绵长引申为时空的久远、遥远,如《魏书·崔光传》:"赵燕既为长蛇,辽海缅成殊域。"进而引申指思绪的邈远,即遐思、沉思,如苏轼《甘露寺》诗:"缅怀卧龙公,挟策事雕钻。""缅怀"指追思过去的人或事,含崇敬意。"沉湎"写作"沉缅"无法解释。

名(明)信片

错例

在审判过程中,法庭展示了 6300 多份材料和大量证据,有褪了色的名信片、泛黄的照片、印有"犹太人"字样的信封和被遣送人的"黑名单"。

辨析

"名信片"当为"明信片"。错例系误解词义所致。

"明信片"是一种可直接投寄的载有信息的卡片。正面为图像,反面写收件人邮编、地址和姓名,以及想对收件人说的话。明信片的优点是不用另加信封,邮资要比普通信函的资费便宜一些;缺点是篇幅短小而且没有私密性。由于这种卡片所写内容能被他人看到,通常不涉隐私,所以称为"明信片"。"明"是公开、不隐瞒的意思,与"暗"相对,如"明枪易躲,暗箭难防""明修栈道,暗度陈仓"。

"名"的本义为人的名字,引申指名称、名分、名义等。用作动词,表示取名、说出,如"不可名状""莫名其妙";还可表示占有、具有,如"一文不名"。用作形容词,指出名的、著名的,如"名胜古迹"。还可以用作量词,如"一名学生"。尽管"名"构词能力强,使用频率高,但"名信片"的说法无从索解。

默(墨)守成规

错例

现实主义要不断地发展，既不默守成规，又不哗众取宠，而要寻求稳健的发展。

辨析

“默守成规”当为“墨守成规”。错例系不明典故所致。

“墨守成规”中的“墨”指的是战国时期墨家学派的创始人墨翟(dí)，也就是墨子。墨翟善于防守，曾与楚国大夫公输盘(即鲁班)演习攻防对垒，最终，“公输盘之攻械尽，子墨子之守圉(通‘御’)有余”。后世遂将严密的防守称为“墨翟之守”，简称“墨守”。这本来是一个褒义词，但在使用过程中感情色彩发生变化，逐渐成为“因循守旧”的同义词，如黄宗羲《钱退山诗文序》：“如钟嵘之《诗品》，辨体明宗，固未尝墨守一家以为准的也。”“墨守成规”就是固守已有的规章制度，不肯变革。

“默”是不说话、不出声的意思。《论语·述而》：“默而识之，学而不厌，诲人不倦，何有于我哉？”用作副词，表示暗中、私下，如“潜移默化”“默许”。

“墨守成规”是一个成语，“墨子”的“墨”不能写成“默写”的“默”，“现成”的“成”也不能写作“陈旧”的“陈”。

大姆(拇)指

错例

外地游客为成都的旅游环境竖大姆指：到处干干净净！

辨析

“大姆指”当为“大拇指”。错例系读音相同、字形相近所致。

“拇”是手或脚的第一个指头，所以从手(扌)；声符“母”兼表“大、主要”之意——仔细观察就会发现，几乎所有的手部动作都需要这根手指的配合，犹如母亲在家庭中的重要作用。

“姆”原本是指古代专门教导未出嫁女子的妇人，所以从女。《礼记·士昏礼》郑玄注：“妇人五十无子，出而不复嫁，能以妇道教人者。”后来也指乳母。“姆”的声符“母”同样兼有表意功能，因为“姆”分担了母亲教育子女的责任。今天所说的“保姆”是家政服务员，主要从事保洁、烹饪、照顾老人或儿童等家务劳动，与古代的“姆师”职能不尽相同。

N

百纳(衲)本

错例

原商务印书馆影印百纳本时写的序言和版本述要，有相当价值，可择善而从。

辨析

“百纳本”当为“百衲本”。错例系读音相同、字形相近所致。

“百衲本”为版本学术语，是一个非常形象的称谓。“百”，概数，表示多；“衲”读 nà，义为缝补、补缀。“百衲”原指用碎布片缝缀而成的僧衣，出家人自称“老衲”便源于此。后引申为由零星材料组合成完整物体的方式，如“百衲琴”指琴身由许多竹木片拼接而成的古琴，“百衲碑”指书法家蔡襄所书《昼锦堂记》碑文——蔡襄将每个字单独写数十遍，择最佳者连成碑形以刻，故名。以此类推，由各种不同版本的残卷零页配补而成的书本，也就名为“百衲本”了，如《百衲本资治通鉴》《百衲本二十四史》。

“纳”本指丝被水浸湿；后成为“内”的假借字，表示收藏、接受，如“收纳”“接纳”“笑纳”。

“百衲本”已凝结成词，写成“百纳本”是不规范的。

按耐（捺）不住

错例

到了公元197年，袁术按耐不住，正式称帝。

辨析

“按耐不住”当为“按捺不住”。错例系读音相近所致。

“捺”读nà，从手（扌），本义为用手重按——汉字笔画“捺”便因行笔时须重按而得名。引申为压制、克制。《官场现形记》第五十三回：“藩台无法，只得捺定性子，按照手折上的情节约略择要陈说一遍。”“按捺”为同义复合词，常用于否定形式。所谓“按捺不住”就是愤怒、激动等感情无法控制，如《红楼梦》第一百〇八回：“（宝玉）一时按捺不住，眼泪便要下来。”

“耐”读nài，指忍受、忍耐，表示抑制某种情绪时，与“按捺”义近，如“耐着性子”。有时“按捺不住”也可说成“耐不住”或“忍耐不住”，如《二十年目睹之怪现状》：“守备回头一看，见是仇人，也耐不住道：‘甚么规矩不规矩！你也得要好好的关照，怎么就动手打人？’”但“按耐”属于生造词。

不屈不饶（挠）

错例

整整13年过去了，她以惊人的毅力不屈不饶地斗争着，她深谙面前对手的强大，但她并不畏惧。

辨析

“不屈不饶”当为“不屈不挠”。错例系读音相近、字形相似所致。

“挠”读 náo，提手旁，本义是扰乱、阻止，如“阻挠”；也指抓、搔，如“抓耳挠腮”。由于古书中“挠”与“桡（náo）”通假，而“桡”本指曲木，于是“挠”也有了弯曲之义，进而引申为屈服。《战国策·魏策四》：“秦王色挠，长跪而谢之。”“色挠”即露出屈服、畏惧的神情。“挠”和“屈”是一对同义语素，所谓“不屈不挠”就是在压力和困难面前毫不屈服的意思。

“饶”读 ráo，食字旁，本义是吃饱；引申指丰足、宽裕、多余，如“富饶”“丰饶”“饶舌”；又从宽裕引申指宽容、宽恕，如“饶恕”“讨饶”“得饶人处且饶人”。

没有“不屈不饶”，只有“不屈不挠”和“不依不饶”。

粘（黏）性

错例

目前每日优鲜在京沪等成熟市场的客单价达到 85 元左右，老客复购率达 80%，用户粘性高。

辨析

“粘性”当为“黏性”。错例系字义混淆所致。

“黏”和“粘”原本是一对异体字，本义为胶合。《说文》：“黏，相著（zhuó，同‘着’）也。”《玉篇》：“粘，与黏同。”如今，这两个字有了较为明确的分工：

“黏”用作形容词，读 nián，指像糨糊、胶水一样能使一种物体附着在另一物体上的性质，如“黏稠”“黏膜”“黏土”“黏液”“黏米""黏糕""黏豆包""黏糊糊"。"黏性"即发黏的性质。近几年媒体上经常看到"用户黏性"一语，这是一种比喻性说法，指用户对品牌的忠诚度和依赖感。

"粘"用作动词，读 zhān，表示胶合，即黏的东西互相连接或附着在别的东西上，如"口香糖粘在一起了""这糖可太粘牙了"。也指用胶、糨糊等使纸张或其他东西贴在另一种东西上，如"粘信封""粘贴标语"。"粘"作姓时，读 nián。

O

沤(呕)心沥血

错例

王家旭对造林沤心沥血,对林木管护更是倾心尽力。

辨析

"沤心沥血"当为"呕心沥血"。错例系不明典故所致。

"呕"读 ǒu,从口,吐的意思。"呕心"原本讲的是唐朝诗人李贺的故事。李贺勤于创作,外出时总要携带锦囊,一有佳句,便写成诗条,投入囊中。晚上回家后,母亲见囊中诗条甚多,心疼地说:"是儿要当呕出心始已耳。"意即这孩子要把心吐出来才肯罢休吧。"沥血"即滴血、流血。韩愈《归彭城》诗:"刳(kū)肝以为纸,沥血以书辞。""呕心沥血"就是几乎吐出心、滴出血,形容为了事业穷思苦想,耗尽心血。

"沤"从水(氵)。一读 òu,指长时间浸泡,如"沤粪""沤肥";一读 ōu,指水泡,如李远《题僧院》:"百年如过鸟,万事尽浮沤。""浮沤"即水上的浮泡,常用来比喻人生短暂或世事无常。没有"沤心"的说法。

殴(怄)气

错例

弟弟因跟家里人殴气而离家出走,至今未归,家里人都很着急。

辨析

“殴气“当为“怄气”。错例系读音相近、字形相似所致。

“怄”原本读 ōu,是吝惜的意思。用于方言词“怄气”,应当是借用了“沤”的字义。“沤”读 òu,本义为长时间浸泡,使起变化。所谓“沤麻”就是将麻秆或剥下的麻皮浸在水中,使之发酵,以便提取纤维。引申指长时间憋闷在心里。李实《蜀语》:“气郁不申曰沤。”生闷气是一种心理状态,所以后来借用形符为“心”的“怄”来表示,读音也变作 òu。所谓“怄气”就是不愉快的情绪在内心长期积聚着。

“殴”读 ōu,从殳(shū)。“殳”是古代一种兵器,从殳的字往往与击打、操持等义有关。“殴”的本义为打击,如“聚众斗殴”。

P

涅磐(槃)

错例

河南这家大型能源企业破产重整，其实是已经找到涅磐重生之路。

辨析

“涅磐”当为“涅槃”。错例系读音相同、字形相近所致。

“磐”与“槃”都读 pán。“磐”从石，本义为巨石。《孔雀东南飞》：“君当如磐石，妾当如蒲苇。蒲苇韧如丝，磐石无转移。”成语有“安如磐石”。“槃”从木，原本是“盤”的异体字，本义为承盘、承水盘。在汉字简化过程中，“盘”取代“盤”成为规范字形，“盤”遭淘汰，而“槃”也成为冷僻字，通常被用作梵语音译词“涅槃”之“槃”的书写符号。

“涅槃”为佛教用语，指佛教全部修行所要达到的最高理想，一般指超越生死轮回后的境界；后成为死亡的美称。“涅槃”的梵文作“nirvāna”，曾有“泥亘”“泥洹”等多种音译，意译则有“寂灭”“圆寂”“解脱”“安乐”等，如今统一译作“涅槃”。“涅磐”是不规范的写法。

陪(赔)小心

错例

我觉得现在中年妇女挺倒霉的，当媳妇时赶上婆婆势力超强。住房紧张，跟婆婆挤在一个屋檐下生活，处处陪小心。

辨析

“陪小心”当为“赔小心”。错例系读音相同、字形相近所致。

“赔”从贝。贝是古代货币，以“贝”为形符的字，本义与钱财有关。“赔”是补偿损失的意思：既可以是补偿物质损失，如“赔偿”“赔款”“损坏包赔”；也可以是补偿精神损失，如“赔罪”“赔不是”“赔笑脸”。“赔小心”就是以谨慎、迁就的态度对人，从而使人息怒或博得人的好感，是一种精神补偿。“赔”还有亏损的意思，与“赚”相对，如“赔本”“赔了夫人又折兵”。

“陪”从阜(左耳旁)，“阜”与山丘有关。“陪”的本义是重叠的土丘。由重叠引申为附加的、非主要的、从旁协助的，如“陪都”“陪房”“陪审”；又引申指跟随在一起，在旁边作伴，如“陪同”“陪客”“失陪”等。没有“陪小心”的说法。

砰(怦)然心动

错例

出自佛山民间艺人之手的《红楼梦之十二金钗》《年年有余》等作品洋溢着对美好生活的期盼与祝福，让观众砰然心动。

辨析

“砰然心动”当为“怦然心动”。错例系读音相同、字形相近所致。

“砰”和“怦”读音均作 pēng，但使用场合有所不同。“怦”，竖心旁，与心理活动有关。《玉篇》：“怦，心急也。”本义为心急或心跳的样子，形容内心的紧张不安。常叠用作拟声词，如宋玉《九辩》：“私自怜兮何极，心怦怦兮谅直。”“怦然心动”就是心怦怦地跳动，指受到影响或刺激，心里产生了某种念头或触动了某种情感。

“砰”，石字旁，本为象声词，形容重物落地、碰撞、爆裂等巨大声响。《汉书·礼乐志》：“休嘉砰隐溢四方。”意思是美好吉祥声传四方。“砰隐”形容声音洪大。王先谦补注：“砰，大声也。隐与殷同，亦声之大也。”如今，“砰”还可形容鼓声、枪声、车马声、音乐声等；但描摹心跳声，只能用“怦”。

批(披)露

错例

如果新闻媒体能充分批露真相，就能有效地抑制公共权力的滥用。

辨析

“批露”当为“披露”。错例系读音相同、意义混淆所致。

“披”从手(扌)，皮声。“皮”的本义为剥取兽皮，充当声符时，往往兼表剥离、分离之意。“披”有分开、打开、拨开的意思，如“披荆斩棘”“披沙拣金”。引申指敞开、显露。苏辙《黄州快哉亭记》：“有风飒然至者，王披襟当之。”“披襟”即敞开衣襟。又如

《史记·淮阴侯列传》:“臣愿披腹心,输肝胆,效愚计。”“披腹心”即袒露心腹,比喻赤诚相见。显然,“披”和“露”是同义语素,因而并列成词,表示公开、宣布、表露之义,如“披露军情”。

“批”也是提手旁,本义为用手掌击打。《新五代史·伶官传》:“新磨遽前,以手批其颊。”引申为训斥、评判,如“批评”“批驳”。又引申为对别人的文章、作业等写评语,做修改,如“批阅”“批改”。“批露”是错误写法。

浮想联篇(翩)

错例

围墙石基上厚重的青苔、伸向大山深处的小路、触手可及的白云,无不让你浮想联篇。

辨析

“浮想联篇”当为“浮想联翩”。错例系读音相同所致。

“翩”从羽,本义为鸟疾速地飞。引申指轻快、飘忽的样子,如“翩若惊鸿,婉若游龙”。“联翩”本指鸟共飞之状,如五代宋初孙光宪《河渎神》词:“一方卵色楚南天,数行斜雁联翩。”引申为连续不断的样子,杜甫有“感激动四极,联翩收二京”的诗句。“浮想联翩”就是飘浮不定的想象接连不断地涌现出来。

“篇”从竹,本指竹简,引申指诗文,又指成部著作的组成部分,现多作量词,如“一篇作文”。“联篇”见于南宋倪偁(chēng)《鹧鸪天》词:“金波若到清尊里,下笔联篇未肯休。”大意是,若能把酒对月,必然文思泉涌,佳作不断。“联篇”即“连篇”,指一篇又一篇的诗文。“浮想联篇”说不通。

凭(平)添

错例

凤蝶在花丛中迎着风上下飞舞，宛如一幅幅工笔画，为秋天凭添了许多的灵动之美。

辨析

“凭添”当为“平添”。错例系读音相同所致。

“平”的基本义为不倾斜、无凹凸，如“一马平川”“四平八稳”。由事物的平缓、平顺引申为事情自然而然地发生，如茅盾《秋的公园》：“自然摩登男女双双的倩影又将平添公园的热闹。”又反向引申为事情无缘无故地突然发生。《三国演义》第四十六回：“却说曹操平白折了十五六万箭，心中气闷。”鲁迅《〈呐喊〉自序》：“我往往不恤用了曲笔，在《药》的瑜儿的坟上平添一个花环。”显然，“平添”有两个意思：一是自然而然地增添，二是平白无故地增添。

“凭”本指倚靠，如李煜词“独自莫凭栏，无限江山”。引申指仰仗、借助，如“牡丹虽好，全凭绿叶扶持”。又指证据、根据，如“真凭实据”“凭票入场”。进而引申为听任、不管，如“任凭风浪起，稳坐钓鱼台”。“凭添”无从索解。

前扑(仆)后继

错例

后来，不少杰出的科学家在二极管的基础上前扑后继，先后研究出了真空管和三极管。

辨析

"前扑后继"当为"前仆后继"。错例系读音相同、字形相近所致。

"仆"原本只有 pū 一个读音,意思是向前跌倒。后泛指跌倒、倾倒。如《史记·项羽本纪》:"樊哙侧其盾以撞,卫士仆地。"王安石《游褒禅山记》:"距洞百余步,有碑仆道,其文漫灭。""前仆后继"指前面的倒下了,后面的跟上来,比喻连续不断地英勇斗争。后来《简化字总表》将"仆"作为"僕(pú)"的简体,于是"仆"变成多音字,又读作 pú,如"仆役""公仆"。

"扑"读 pū,指用力向前冲,使身体突然伏在某个物体上。如《水浒传》第二十二回:"武松见大虫扑来,只一闪,闪在大虫背后。"

"仆"和"扑",前者是被动倒下去,后者是主动冲上去,含义不同,不可混用。

扑(铺)天盖地

错例

时下,打开电视,广告便扑天盖地向你涌来。

辨析

"扑天盖地"当为"铺天盖地"。错例系读音相同所致。

"铺"从金(钅),本指旧式门上衔着门环的底座,多用铜制成兽形,也叫"铺首"。由铺首紧贴于门上,引申指把东西展开或摊平,如"铺床单""铺地毯"。"盖"(繁体作"蓋")原本从草(艹),本义为用茅草编成的遮盖物，可以蔽体或覆屋顶。引申指用东西遮蔽，如“盖被子”“盖浇饭”。“铺”和“盖”，一个摊在下，一个遮在上，都有蒙覆之义。“铺天盖地”是一种夸张的说法，指上下都有，到处都是，形容来势很猛。

“扑”的本义为击打。《史记·刺客列传》：“(高渐离)举筑扑秦皇帝，不中。”引申为用力向前冲，如“饿虎扑食”“飞蛾扑火”。进而引申指将全部心力集中到某件事情上，如“一心扑在工作上”。写作“扑天盖地”则匪夷所思。

黄埔(浦)江

错例

他把眼光从黄埔江上收了回来，坐到了那张坚实的办公桌后面。

辨析

“黄埔江”当为“黄浦江”。错例系音同形近、意义混淆所致。

黄浦江是上海的重要水道，也是历史上最早的人工修凿疏浚的河流之一。不少人将“黄浦江”误写作“黄埔江”，大概是因为“浦”与“埔”音同(都读 pǔ)形近。

事实上，“黄浦”与“黄埔”是两码事。“浦”从水(氵)，本指水滨或大河与小河汇合处。在古吴语中还有河流的意思，一般指人工河。传说黄浦江是战国时期的春申君黄歇派人开凿的，故名。“埔”从土，按《辞海》的解释，该字通“埠”，指码头。现在“埔”仅用于广东、福建及台湾的一些地名，读 bù(如大埔县)或 pǔ(如埔上镇)。历史上著名的黄埔军校因校址设在广州东南的黄埔岛(今广州市黄埔区长洲岛)而得名。

Q

出奇(其)不意　莫名奇(其)妙

错例

① 就在同盟军准备班师回朝时，帝国军竟从背后发动出奇不意的攻击。

② 我再也坐不住，披衣走到窗前，盯着毫无动静的天幕，心下竟莫名奇妙地焦急起来。

辨析

“出奇不意”“莫名奇妙”当为“出其不意”“莫名其妙”。错例系误解成语所致。

成语“出其不意”源自《孙子·计篇》：“攻其无备，出其不意。”本来是说要趁着对方没有料到的时候突然出兵，后泛指行为出乎意料。这里的“其”是代词，指代敌军，不能写作“奇”。

至于“莫名其妙”，原来的意思是没有谁能说出其中的妙处，有称赞意；后用来形容事情或现象使人无法理解，不能以言语表达出来。“莫”，没有什么人；“名”，说出；“其妙”指其中的奥妙。汉语中没有“莫名奇妙”一词。

两全齐(其)美

错例

人家出钱我建设，人家发财我发展，两全齐美。

辨析

“两全齐美”当为“两全其美”。错例系读音相同所致。

“两全其美”是一个常用成语。“两”指双方，表示相对的两个方面，如“两败俱伤”“势不两立”“一举两得”等；“全”即成全、顾全；“其”为表示领属关系的代词，指代前面的“两”，相当于“双方的、他们的”，“其美”就是双方的好事。整个成语的意思是做事顾全双方，使两方面都得到好处。

“两全其美”的“其”经常被误写作“整齐”的“齐”。“齐”除了平整之义，还可表示相同、等同。《魏书·阳尼传》：“上与三皇比隆，下与五帝齐美，岂不茂哉！”“齐美”指美好程度相同。显然，“两全齐美”说不通。

神祇(祗)

错例

道教是中国土生土长的宗教，它与民间信仰本来密不可分，因而道教神祗也就带着浓厚的民间色彩。

辨析

“神祗”当为“神祇”。错例系字形相近所致。

“祗”“祇”二字仅一点之差，读音与字义却相去甚远。“祗”读 zhī，本义为恭敬，如《左传·僖公三十三年》：“父不慈，子不祗，兄不友，弟不恭，不相及也。”又如“祗仰”即敬仰，“祗候”即恭候。

“祇”是个多音字。一音 qí，本义为地神。中国古代将神鬼分为天神、地祇和人鬼三个系统。所谓“神祇”就是天神与地祇的合称，有时也泛指各种神灵。一音 zhǐ，用作副词，相当于正、恰、只。如今简化为“只”。曹丕《煌煌京洛行》：“多言寡诚，只令事败。”意思是话讲多了就缺乏诚意，只会导致一事无成。

“祗”和“祇”字形相似，经常被误写误读，要格外注意。

水蒸汽（气）

错例

由于放了暖气，车窗开始蒙上一层水蒸汽，窗外流动的原野渐渐暗淡下来，在窗玻璃上又半透明地映现出乘客的影像。

辨析

“水蒸汽”当为“水蒸气”。错例系音同形近、意义混淆所致。

“气”是个象形字，古文字象云气蒸腾上升的样子，本义为云气。后泛指气体，如“空气”“氧气”“天然气”等。所谓“蒸气”是指液体或固体因蒸发、沸腾或升华而变成的气体，如“水蒸气”“碘蒸气”“苯蒸气”“汞蒸气”等。

“汽”是个形声字，从水（氵），本义为水干涸。水干意味着蒸发为气体，故引申指水蒸气。如“蒸汽机”是利用水蒸气产生动力的发动机，“汽笛”是靠水蒸气的作用产生巨大声响的装置，因此都要用“汽”。后来“汽”的使用范围扩大，泛指各种蒸气。如“汽灯”是指点着后利用自身热量把煤油变成蒸气，喷射在炽热的纱罩上发出白光的一种灯。这里的“汽”指的是煤油蒸气。

总之，“汽”是“气”的一种，“气”指气体，“汽”则泛指各种蒸气或专指水形成的蒸气。至于词语“水蒸 qì”，由于其中已经点明了“水”，所以不宜再用“汽”字。

修葺(葺)

错例

在搬来定居的最初几年里，他把庄园的主楼修茸一新，把花园整修得花木扶疏。

辨析

“修茸”当为“修葺”。错例系字形相近所致。

“葺”读 qì，草字头，本义为用茅草等覆盖房屋，如屈原《九歌·湘夫人》：“筑室兮水中，葺之兮荷盖。”引申为修理房屋，如《左传·昭公二十三年》：“叔孙所馆者，虽一日，必葺其墙屋。”后泛指修饰、整理、整治。李清照的《词论》曾批评苏轼等人的词是“句读不葺之诗”，这里的“葺”就是修饰的意思。“修”和“葺”意义相近，凝结成并列式合成词“修葺”。

“茸”读 róng，也是草字头，本指草初生时纤细柔软的样子。李贺《南园十三首·其十三》诗云：“小树开朝径，长茸湿夜烟。”后引申指柔软细密的毛发，如“茸毛”。特指带细毛的才生出来的鹿角，即“鹿茸”。

“葺”和“茸”字形相似，但读音、字义完全不同。

粮食欠(歉)收

错例

村里有14户人家，生活贫困的还有5户，尤其是去年粮食欠收，有些人家的生活已发生困难。

辨析

“粮食欠收”当为“粮食歉收”。错例系读音相同、意义混淆所致。

“欠”是象形字，甲骨文字形象人张口出气，本义为打哈欠。气呼出就会不足，于是引申指不够、缺乏，如“身体欠安”“万事俱备，只欠东风”。又引申指借人财物未还或受人恩惠未报，如“欠债”“欠人情”。

“歉”是个形声字。形符“欠”提示字义与“不足”有关，声符“兼”为以手持禾之形，也有表意作用；合起来就是农作物收成不足的意思，与“丰”相对。《宋史·黄廉传》：“久饥初稔，累给并偿，是使民遇丰年而思歉岁也。”“歉岁”就是荒年，而“歉收”就是收成不好，与“丰收”相对。“粮食歉收”才是正确的写法。

巧(乔)装改扮

错例

这出戏讲的是包大人巧装改扮、私访案情的故事。

辨 析

“巧装改扮”当为“乔装改扮”。错例系误解词义所致。

《说文》称“乔”的本义为“高而曲”。后泛指高。如“乔木”即高大的树木；“乔峰”即高耸的山峰；“乔迁”本指鸟儿飞离深谷，迁到高树上去，后用作贺人迁居或升职的祝贺之辞。或许是高耸上曲的形态给人以矫揉造作之感，“乔”逐渐引申出假装、假扮的意思。如“乔模乔样”即装腔作势、假模假样，“乔装改扮”即改换服饰以隐瞒真实身份。

“巧”的本义为技艺、技巧。成语有“奇技淫巧”，谓过于奇巧而无益的技艺或制品。引申指灵巧，如“巧妇难为无米之炊”。又指美好、精妙，如“巧笑倩兮，美目盼兮”“巧夺天工”。进而引申指言语虚伪浮夸，如“花言巧语”“巧言令色”。还可表示恰好、正好，如“巧合”“凑巧”“巧遇”等。

“巧”没有假扮之义。“巧装改扮”是错误写法。

亲(青)睐

错 例

园区提供的良好服务赢得了众多国际大企业的亲睐，它们不断追加在园区的投资。

辨 析

“亲睐”当为“青睐”。错例系不明典故所致。

“睐”，目字旁，意思是向旁边看。“青”在古代有黑色之义，如李白《将进酒》：“君不见高堂明镜悲白发，朝如青丝暮成雪。”“青丝”即黑发。后特指黑眼珠，如“垂青”“青睐”都是用黑眼珠看人的意思，比喻对人的喜爱或重视。“青睐”一词的来历与“竹林七贤”之一阮籍有关。

据《世说新语》记载，阮籍为人旷达不羁，见到庸人俗士就眼睛上翻，用白眼相看，见到投契之人则会平视，以黑眼相对。后世遂用“青白眼”来表示内心的爱憎。王维“科头箕踞长松下，白眼看他世上人”，是对凡俗之人的蔑视；黄庭坚“朱弦已为佳人绝，青眼聊因美酒横”，则是对美酒的钟爱。

“青睐”的“青”不是“亲自”或“亲切”的意思，不能写作“亲”。

山青（清）水秀

错例

烟波浩渺的黑龙江，风光不亚于三峡，不逊于漓江。碧水悠悠，蜿蜒流淌，乘船徜徉在江上，可以尽览沿岸山青水秀、奇石险峻，一睹大界江风采。

辨析

“山青水秀”当为“山清水秀”。错例系误解成语所致。

“山清水秀”误作“山青水秀”是情有可原的，因为一提到“山”，人们眼前就会浮现出青青碧色。实际上，在这个成语中，“清”与“秀”参互为文，共同描绘了山水的美丽不俗。这种修辞手法叫“互文”，在成语及古诗文中是比较常见的。其显著特点是：文字上似乎各言其事，理解时则要瞻前顾后，不能彼此割裂。比如，“山清水秀”就是“山水清秀”，“窗明几净”就是“窗几明净”，“秦时明月汉时关”则是说秦汉时的明月映照着秦汉时的边关。

另外，四字成语还讲究两两对仗：“山”与“水”都是表示自然景物的名词性语素，“清”和“秀”则是描绘事物性状的形容词性语素——“清”指清雅，“秀”指美好。可见，无论词性还是词义，“山清”对“水秀”都是和谐工整的。

“青”是一种颜色，宜与其他表示色彩的语素相呼应，如“青山绿水”“青天白日”“青灯黄卷”等。“青”和“秀”难以对举，“山青水秀”的写法是不妥当的。

倾(顷)刻

错例

研究者们发现，新生儿对长的、连续的声音比对短的、倾刻即逝的声音更容易产生反应。

辨析

“倾刻”当为“顷刻”。错例系读音相近、字形相似所致。

“顷”本读 qīng，是个会意字：左边的“匕”在甲骨文中象反过来的人形，含有不正之意；右边的“页”指头；合起来表示头偏。后泛指倾斜、偏侧。《诗经·卷耳》：“采采卷耳，不盈顷筐。”“顷筐”即斜口的竹筐。偏一下头是用时极短的动作，故而又引申指很短的时间，读音也变作 qǐng。《战国策·齐策》：“居有顷，倚柱弹其剑，歌曰：‘长铗归来乎！食无鱼。’”“居有顷”即过了一段时间。“顷刻”就是极短的时间，相当于“一会儿”“片刻”。

如今“顷”的偏侧义用另加形符“人(亻)”的分化字“倾”来表示，如“倾盆大雨”“侧耳倾听”；“顷”只承担短暂义。“顷刻”不能写作“倾刻”。

售磬(罄)

错例

近日，意大利多家药房口罩售磬，同时又要面临安全威胁。

辨析

“售磬”当为“售罄”。错例系读音相同、字形相近所致。

“罄”和“磬”声符均为“殸(qìng)”。“殸”在甲骨文中是会意字：左边的“声”，上为悬绳下为乐石；右边的“殳(shū)”为以手持杖之形；合起来表示用于敲击的乐器。此义后来用添加形符“石”的新造字“磬”来表示。磬是一种状如曲尺的打击乐器，用玉、石或金属制成，悬于架上，击之则鸣。常建《题破山寺后禅院》诗云：“万籁此俱寂，但余钟磬音。”

“缶”为盛物的陶器，也是一种打击乐器。“殸”加形符“缶”，表示将缶中盛放之物取尽后用于敲击伴奏。“罄”的本义就是“器中空”。陶渊明在《自祭文》中自嘲“箪瓢屡罄”，意即饭篮和水瓢里常常空无一物。后泛指用完、用尽。如“售罄”就是全部卖完；“罄竹难书”原指要写的事太多，即使用尽竹简也难以写尽，后比喻罪行极多。“罄”和“磬”不可混用。

首曲(屈)一指

错例

保罗虽年龄偏大，个人进攻能力有所下降，但传球和组织能力在联盟都是首曲一指的。

辨析

“首曲一指”当为“首屈一指”。错例系读音相同、意义混淆所致。

《正字通》:“凡曲而不伸者皆曰屈。”可见“屈”和“曲”都有弯曲之义。二者的区别在于:“屈”的弯曲度较小,如“屈膝”;而“曲”的弯曲度可以很大,如“九曲十八弯”。“屈”多用于抽象事物,如“屈服”;“曲”则多用于具体事物,如“曲尺”。“屈”多用作动词,表示使某物变弯,反义词是“伸”,如“能屈能伸”;而“曲”多用作形容词,表示弯曲的性状,反义词是“直”,如“是非曲直”。

“首屈一指”的意思是扳手指计数时,首先弯下大拇指,表示位列第一;引申指最好的。“弯大拇指”的“弯”表示具体动作,而且曲度不大,宜用“屈”。

感到委曲(屈)

错例

一席语重心长的话,说得秀玉再也不感到委曲,直感到爸爸真是一位好爸爸。

辨析

“感到委曲”当为“感到委屈”。错例系读音相同、意义混淆所致。

“委屈”指因受到不公平对待而心里难受,如“挨了一顿批评感到很委屈”;“委曲”则有勉强迁就、曲意顺从之义,如“为了大局,他只好委曲求全”。可以说,“委屈”是思想、情绪等内心活动，“委曲”则是为达到某种目的而采取的退让策略。

此外，“委曲”还可表示委婉曲折，即说话或作文时不直言其事，故意表达得含蓄一点，使听者更容易接受，或使文章更加耐人寻味，如《初刻拍案惊奇·卷十二》：“待学生寻个便，到那里替兄委曲通知，周全其事，决不有误。”还可指事情的原委，如《水浒传》第八十三回：“烦他预先奏知委曲。”

总之，“委屈”强调“屈”，即压抑、冤屈；“委曲”强调“曲”，即曲折、迂回。“委屈”侧重于内在心理状态，“委曲”则侧重于外在的行动表现或客观事实的曲折性。“感到委屈”只能用“屈”。

入场卷（券）

错例

如果客队获胜或双方打平，土耳其队将只能通过参加附加赛来争夺入场卷。

辨析

“入场卷”当为“入场券”。错例系读音相近、字形相似所致。

“券”读 quàn，本义是契据，古代用竹木刻成，分为两半，契约双方各执其一，作为凭据，故从刀。《战国策·齐策》写冯谖为孟尝君收买人心，到薛地召集那些欠孟尝君债的人“悉来合券”，然后将“券”全部焚毁。这里的“券”就是竹木刻成的契据，用于买卖或债务。后泛指凭证或信物，如“丹书铁券”指古代帝王赐给功臣享受优厚待遇或免罪的凭证，用朱砂写于铁板上，故名。又引申指作为凭证的各种票据、纸片。“入场券”就是进入某些活动场所的凭证，喻指参加某项赛事的资格。

“卷”从“卩(jié)”，“卩”在甲骨文中象人跪坐之形；跪坐必然会弯曲膝盖，“卷”的本义为屈膝，读 quán，后写作“蜷”。由屈膝引申指将片状物弯转成圆筒形，读音变作 juǎn；又引申指可卷成圆筒状的书画等物品，读 juàn，如“卷轴”。

上阙(阕)

错例

爸爸会背诵很多古文，甚至连《红楼梦》中的回目都能背诵下来。他经常要考我们，他说上阙，让我们说下阙。

辨析

“上阙”“下阙”当为“上阕”“下阕”。错例系读音相同、字形相近所致。

某报曾谈及毛泽东的词作《沁园春·雪》，称其“上阙写景，下阙抒情”。这里的“阙”是“阕”的误写。“阙”和“阕”都读 què，但形、义不同。“阙”从门，厥声，指古代宫殿、祠庙或陵墓前的建筑物，通常左右各一，中间有道路，台上起楼观，如王勃《送杜少府之任蜀川》：“城阙辅三秦，风烟望五津。”引申指皇帝居所，借指朝廷，如岳飞《满江红》：“待从头、收拾旧山河，朝天阙。”“阙”与词曲风马牛不相及。

“阕”从门，癸声，《说文》的注解是“事已，闭门也”，即祭事结束而闭门。后泛指终了、止息。这样，“阕”和词曲便发生了关联，特指一曲终了或奏乐一遍。后来，一首词被称为“一阕”，前一段称“上阕”，后一段叫“下阕”。

声名雀(鹊)起

错例

潘玉良从1942年开始尝试在宣纸上画“彩墨画”，用西方绘画的构图和用色，去糅合国画的平面感和线条，独树一帜，在西方画坛声名雀起。

辨析

“声名雀起”当为“声名鹊起”。错例系读音相同所致。

汉语中有不少含有动物名称的成语，体现了古人对动物习性的细致观察和丰富联想。“雀”和“鹊”是两种常见的鸟。“雀”多指麻雀，这种鸟喜欢在地上蹦来跳去，于是便用“雀跃”形容人高兴得跳起来。麻雀总是叽叽喳喳，同乌鸦一样，聒噪不已，一旦静下来便“鸦雀无声”。麻雀翅膀短小，飞不高也飞不远，经常在住户附近觅食，故有“门可罗雀”之说。

“鹊”指喜鹊。民间传说这种鸟能报喜，故将其鸣声称为“鹊报”。喜鹊善于做窝，成语“鸠占鹊巢”由此而来。另外，喜鹊翅膀有力，一飞冲天，故用“声名鹊起”来形容一个人的知名度迅速上升。如果用不善飞的“雀”来代替“鹊”，赞美岂不成了讥讽？

R

发轫(韧)

错例

一场席卷中国大地的变革由此发韧,一个民族的伟大复兴由此开端。

辨析

“发韧”当为“发轫”。错例系读音相同、字形相近所致。

“轫”,形符为“车”,本义为阻止车轮转动的木头,用作名词。《说文》:“轫,碍车也。”“发轫”即拿掉支住车轮的木头,使车开动;借指出发、起程。屈原《离骚》:“朝发轫于苍梧兮,夕余至乎县圃。”后比喻新事物的兴起或新局面的开端,如“中国的民本思想发轫于先秦时期”。

“韧”,形符为“韦”;“韦”指皮革,成语有“韦编三绝”。“韧”的本义是像熟牛皮一样柔软而结实,受外力作用时,虽然变形却不易折断,与“脆”相对,用作形容词。《说文》:“韧,柔而固也。”《新唐书·皇甫镈传》:“此内府所出,牢韧可服,彼言不可用,诈也。”成语有“坚韧不拔”,形容信念坚定,意志顽强,不可动摇。

“韧”与“轫”音同形近,但意义上毫无关联。没有“发韧”这一说法。

水乳交溶(融)

错例

这四行诗所创造的画面的自然美与哲理的深邃美达到了水乳交溶般的和谐统一。

辨析

“水乳交溶”当为“水乳交融”。错例系读音相同、意义混淆所致。

《说文》称“融”是“炊气上出”的意思,即炊煮时热气蒸腾消散。也有人认为,“融”的甲骨文字形上面是“虫”,下面是“土”,会阳气上升、大地解冻、蛰虫苏醒之意。其本义当为固体受热变软或化为流体,如杜甫《绝句》:“泥融飞燕子,沙暖睡鸳鸯。”引申指几种不同的事物合为一体,如“情景交融”“融会贯通”。又引申指暖和、和乐,如“春光融融”“其乐融融”。

“溶”从水(氵),本指水大的样子,可叠用,如“江水溶溶”。由水流广大喻指月色无边,如晏殊《寓意》:“梨花院落溶溶月,柳絮池塘淡淡风。”“溶”还可表示一种固体或气体物质在液体中化开,如“糖在热水里溶化了”,“二氧化碳可溶于水,形成碳酸”。

“水乳交融”是说像水和乳汁那样融合在一起,比喻关系非常融洽或结合得很紧密。“水”和“乳”都是液体,无所谓“溶”的问题。

杂揉(糅)

错例

她的光艳照人里有一些天真，也有一些沧桑，杂揉在一起，是哀绝的美。

辨析

“杂揉”当为“杂糅”。错例系音同形近、意义混淆所致。

“糅”读 róu，从米，本义为杂饭。引申指混杂、混合。成语有“瓦玉集糅”，意思是瓦器和玉器混杂在一起，比喻好坏不分。“杂”也有混合、掺杂的意思。《国语·郑语》：“故先王以土与金木水火杂，以成百物。”可见，“杂糅”是两个同义语素构成的合成词，表示不同的事物混杂在一起，如“古今杂糅”“句式杂糅”等。

“揉”也读 róu，原本是“煣”的异体字，义为用火烤木条使之弯曲。后引申指用手来回擦、搓，如“揉眼睛”。也指用手反复推压搓弄东西，使之变软或成球形，如“揉面团”“把泥揉成小球”。

“揉”和“糅”都是动词，但前者表示具体的手部动作，后者强调混杂。

喏(偌)大年纪

错例

女儿劝他再不要教书卖字了，说你喏大年纪还要这样劳苦，连做你的女儿也要给人笑话。

辨析

“喏大年纪”当为“偌大年纪”。错例系字形相似所致。

“偌”读 ruò,用作指示代词,相当于“如此、这么”,多见于早期白话。《水浒传》第七回:“偌大一个东京,没一个识的军器的。”《牡丹亭》第七出:“这经文偌多?”“偌大”即这么大,“偌多”即这么多。

“喏”有两个读音:一音 nuò,叹词,表示让人注意自己所指示的事物,如“喏,就是这本书”;又音 rě,指古人作揖致敬时口中发出的声音。《水浒传》第四回:“郑屠看时,见是鲁提辖,慌忙出柜身来唱喏道:‘提辖恕罪。’”《西游记》第八十八回:“行者笑道:‘还是我不唱喏的好,也省些力气。’”唱喏是古代男子的一种见面礼仪。

“喏”与“偌”这两个字貌合神离,使用时要格外注意。

S

搔(瘙)痒症

错例

近年来,王医生用这种药方治疗皮肤搔痒症,取得较满意的疗效。

辨析

"搔痒症"当为"瘙痒症"。错例系误解词义所致。

"瘙"读 sào,病字头,在古代指疥疮。这是一种由寄生虫引起的传染性皮肤病,症状是皮肤上出现丘疹或水泡,奇痒难耐。瘙痒症则是一种无原发损害,仅有皮肤刺痒感觉的病症。

"搔"读 sāo,提手旁,本义为用指甲等轻刮,如杜甫《春望》:"白头搔更短,浑欲不胜簪。"搔痒就是用指甲或其他尖而粗糙的东西擦自己的身体,以解除痒的感觉。

虽然瘙痒症患者总是不停地"搔痒",但搔痒本身是指动作,不能写作"搔痒症"。

稍(少)安毋躁

错例

他一路说，左宗棠一路点头。等他说完，左宗棠做个“稍安毋躁”的手势答道：“你刚才所说的情形，我完全清楚，我们要好好谈谈。”

辨析

“稍安毋躁”当为“少安毋躁”。错例系音、义相近所致。

“少(shǎo)安毋躁”即暂且安心等一会儿，不要急躁。语出韩愈《答吕毉山人书》：“听仆之所为，少安无(通‘毋’)躁。”“少安”一词则出现更早，如《左传·襄公七年》：“吾子其少安。”“少”本指数量不多，引申指时间短、不久，相当于“一会儿”“暂且”。还可表示程度轻，如《战国策·赵策》：“太后之色少解。”意即太后脸上的怒色略微缓解了一些。

再来看“稍”。“稍”本指禾苗末梢，后泛指末端。事物由主干到末端逐渐变小，故引申出“渐渐”义，如柳宗元《三戒·黔之驴》：“(虎)稍出近之，慭(yìn)慭然，莫相知。”“稍”的词义进一步虚化，可表示程度轻或时间短，如“稍有好转”“稍候”。这样，“稍”与“少”词义出现重合。

不过，与“少”相比，“稍”的短暂义出现较晚。为了让成语这一语言的活化石更好地保存下来，《现代汉语词典》等工具书仍然沿用了“少安毋躁”这一较早的写法。

威摄(慑)

错例

近期，要下大力气抓几件大案要案，并且公诸社会，使处理专利侵权和查处冒充专利行为产生强大的社会威摄作用，为市场的正常健康运行提供坚强、有力的保障。

辨析

“威摄”当为“威慑”。错例系读音相同、字形相近所致。

“慑”与“摄”都读 shè，但意义完全不同。“慑”从心（忄），本义为恐惧、害怕。苏轼《教战守策》：“使其心志安于斩刈杀伐之际而不慑。”引申指使害怕、使屈服。所谓“威慑”就是用武力或声势使对方感到恐惧，如元稹《论教本书》：“赵高之威慑天下，而胡亥固已自幽于深宫矣。”“威慑天下”就是使天下人惧怕。

“摄”从手（扌），本义为提起、牵拉。《史记·高祖本纪》：“于是沛公起，摄衣谢之。”“摄衣”即拽拽衣服、整理衣装之义。后引申出抓取、吸收、拍摄等诸多义项，如“摄取”“摄食”“摄像”等。

在现代汉语里，“摄”与“慑”分工明确，不能混用。

舍身(生)取义

错例

为了这一时刻的到来，数千万的人民英雄不惜抛头颅洒热血，舍身取义。

辨析

“舍身取义”当为“舍生取义”。错例系不明典故所致。

“舍生取义”即舍弃生命，求取正义。语本《孟子·告子上》：“生，亦我所欲也；义，亦我所欲也。二者不可得兼，舍生而取义者也。”后以“舍生取义”赞扬为维护正义事业而不惜牺牲生命。

“舍身”一词出现较晚，且与佛教有关。本指佛教徒为宣扬佛法或布施寺院而自作苦行。这种风气在南朝梁陈时期最为盛行，比如梁武帝萧衍一生曾四次“舍身”佛寺。《隋书·五行志上》：“（帝）数诣同泰寺，舍身为奴，令王公已下赎之。”“舍身”亦指佛教徒牺牲自己的肉体，以彰显佛法大慈大悲的精神；后来也表示为国家或他人而牺牲自己。《三国演义》第一百〇一回：“大丈夫舍身报国，虽万死无恨。”

尽管“舍生”与“舍身”义近，但在“舍生取义”“舍生忘死”等成语中，只能用“舍生”。

谈笑风声（生）

错例

一时全家人围着餐桌，谈笑风声，尽享天伦之乐。

辨析

“谈笑风声”当为“谈笑风生”。错例系误解成语所致。

“风生”原本是起风的意思，如李白诗“水退池上热，风生松下凉”。后喻指行事果决，相当于“雷厉风行”，如《汉书·赵广汉传》：“见事风生，无所回避。”还用来形容人谈吐不凡，仿佛搅动了周围的空气，营造出一种欢快的气氛。如《唐才子传》：“（罗隐）性简傲，高谈阔论，满座风生。”《明史·林润传》：“严世蕃置酒召润，润谈辨风生，世蓄心惮之。”“谈笑风生”是形容说话时有说有笑，气氛活跃。

“风声”则是指风的声音，成语有“风声鹤唳”；引申指传播出来的消息，如“走漏风声”。将“谈笑风生”写成“谈笑风声”，整个成语令人费解。

旅游圣(胜)地

错 例

西双版纳之所以成为国人向往的旅游圣地，是因为那里有绚丽旖旎的自然风光。

辨 析

“旅游圣地”当为“旅游胜地”。错例系读音相同、意义混淆所致。

“胜”是“勝”的简化字，原本从力，意思是能承担、禁得住，如“胜任”。引申指胜出、超过，成语有“胜人一筹”。用作形容词，表示超出一般的、美好的，多用于景物。范仲淹《岳阳楼记》：“予观夫巴陵胜状，在洞庭一湖。”“胜状”即美景。朱熹《春日》：“胜日寻芳泗水滨，无边光景一时新。”“胜日”即美好的日子。

“圣”是“聖”的简化字，原本从耳，指听觉灵敏。引申指通达、聪明，如“圣明”。用作名词，指拥有最高品德与智慧或在某一领域成就极高之人，如“孔圣人”“书圣”“诗圣”“茶圣”。进而用作形容词，表示最崇高的，如“圣经”“圣火”。“圣地”是宗教徒称说与教主生平事迹有重大关系的地方；亦指具有重大历史意义的地方，如“革命圣地”。

“旅游胜地”是指景色优美、适合旅游的地方，不能用“圣”。

俯视(拾)即是

错例

在西方美术史上，这种事例俯视即是：许多著名画家的背后都有无私的资助者，或是有责任心的经纪人。

辨析

“俯视即是”当为“俯拾即是”。错例系误解成语所致。

“俯”，低头或弯腰；“即”，就。“俯拾即是”的意思是随便弯弯腰就能捡到。成语出自唐朝司空图的《诗品·自然》：“俯拾即是，不取诸邻。”原本是说自然界及生活中到处都是诗的素材，有了真实感受，就会信手拈来。后用于形容数量多且容易得到，如朱自清《燕知草序》：“杭州是历史上的名都，西湖更为古今中外所称道，画意诗情，差不多俯拾即是。”“俯拾即是”与“比比皆是”都有“多”的意思，区别在于：前者只用于物，后者可用于人；前者强调易得，后者强调分布广。

“俯拾”指弯腰捡拾，而“俯视”是从高处往下看，意思截然不同。

人情事(世)故

错例

真不愧是一位懂得人情事故的董事长，他的推理确实高明。

辨析

“人情事故”当为“人情世故”。错例系读音相同、意义混淆所致。

“人情世故”是一个成语，指为人处世的方法、道理和经验。出自文天祥《送僧了敬序》：“姑与之委曲于人情世故之内。”“人情”即人之常情，指人与人之间的相处之道，特别是世间约定俗成的一些规则和事理标准。《红楼梦》第五回：“世事洞明皆学问，人情练达即文章。”这说明懂得人情极为重要。“世故”指应对各种世俗习惯的经验，如《老残游记》第十回：“只因但会读书，不谙世故，举手动足便错。”

“事故”一般是指造成死亡、疾病、伤害、损坏或者其他损失的意外情况，如“安全事故”“交通事故”等。“事故”与“人情”无法并举。

势(式)微

错例

甲骨文公司今天的处境，也是传统IT企业在产业变迁之下势微的一个缩影。

辨析

“势微”当为“式微”。错例系读音相同所致。

“式微”原本是我国最早的一部诗歌总集《诗经》中的篇目。该诗的首句为：“式微式微，胡不归？”可直译为：“天要黑了，天要黑了，你怎么还不回家？”这里的“式”是助词，用于句首或句中，起加强语气和协调音节的作用；“微”则有光线不明的意思。“式微”指的是黄昏时分日光微弱的样子。后世学者认为，此诗以暮色将至喻指周王室日渐衰微，于是“式微”便用来表示国家或世族由兴盛走向衰落，也可泛指事物的衰败。如归有光《张翁八十寿序》：“予以故家大族德厚源远，能自振于式微之后。”茅盾《一个女性》：“谁曾从丰裕跌落到贫乏，从高贵跌落到式微，那他对于世态炎凉的感觉，大概要加倍的深切罢。”

“势”与“式”音同，基本义为权力、形势。有人将“shì微”理解成“势力衰微”，故而误写作“势微”。

不饰(事)雕琢

错例

原汁原味的民歌让人大饱耳福外，还令人豁然开朗——原来这来自穷乡僻壤、山野沟壑的“原生态民歌”，唱出的却是一个不染烟尘、不饰雕琢、水灵灵的民歌世界。

辨析

“不饰雕琢”当为“不事雕琢”。错例系读音相同所致。

“事”是会意字，甲骨文写作，有人认为象手持猎叉捕猎之状——在远古时期，狩猎是关系到人类生存的大事，故以此来表示做事的意思。其本义当为做、从事。《论语·颜渊》：“回虽不敏，请事斯语矣。”意思是：我颜回虽然不聪明，但请让我按照这句话去做吧。成语有“无所事事”，形容闲着什么事情都不干，“事事”即做事。引申用作名词，表示职业、工作，如《史记·樊郦滕灌列传》：“樊哙者，沛人也，以屠狗为事。”进而泛指各种事情，如“事实”“要事”“往事”“事半功倍”等。“不事雕琢”即不做任何雕琢、修饰，这里的“事”用的是其本义。

“饰”是形声字，从人，从巾，食声，表示人持巾擦拭。本义为洗刷、使洁净，如《周礼·地官·封人》："凡祭祀，饰其牛牲。"引申指装点、美化，如"修饰""装饰""润饰"；用于贬义，则表示遮掩、遮盖，成语有"粉饰太平""文过饰非"等。又引申指扮演，如"她在这部戏里饰演一名医生"。没有"不饰雕琢"一词。

寻人启示(事)

错 例

他们通过县妇联在《妇女之声报》上刊登了配照片的寻人启示。

辨 析

"寻人启示"当为"寻人启事"。错例系读音相同、意义混淆所致。

"启"在甲骨文中为以手开门之形，本义为打开门。《左传·隐公元年》："大叔完聚，缮甲兵，具卒乘，将袭郑。夫人将启之。"后泛指打开，如"启封""难以启齿"。又引申为用言语开导、教育。所谓"启蒙"就是开导蒙昧，使之明白事理；"不愤不启"就是不到学生想弄明白却没有弄明白时，不去启发他；而"启示"则是启发指示，使有所领悟的意思。

"启"还可表示陈述、禀报，如"启奏"就是向帝王上书言事，"启禀"就是向上级或尊长报告。"启事"本指陈述事情，如《三国志·魏志·董卓传》："召呼三台尚书以下自诣卓府启事。"后引申指陈述事情的奏章、函件等。如今则表示公开声明某事的文字，多登在报刊上或贴在墙壁上，如"招聘启事""征文启事""寻人启事"。"启示"多用作动词，"启事"如今用作名词，二者意义完全不同。

试（拭）目以待

错例

加盟北京首钢的林书豪在新赛季会有怎样的表现，让我们试目以待吧！

辨析

“试目以待”当为“拭目以待”。错例系读音相同、字形相近所致。

“拭”，提手旁，本义为用手擦干净。《尔雅》：“拭，清也。”“拭目”即擦眼睛；“拭目以待”就是擦亮眼睛等着瞧，形容殷切期待或对事情的发展密切关注，也表示确信某件事情会发生。亦作“拭目而待”“拭目以俟”。《三国演义》第四十三回：“朝廷旧臣，山林隐士，无不拭目而待。”

“试”，言字旁，本义为使用、任用。《论语·子罕》：“吾不试，故艺。”大意是，我年轻时没有被任用为官，所以学习了不少技艺。引申指尝试做某事，如“试探”“试车”“跃跃欲试”。尝试有试验、检查的性质，于是引申出考查、检验之义，如“测试”“考试”“试金石”等。用作副词，相当于“姑且”，如李白诗“请君试问东流水，别意与之谁短长”。“试目”解释不通。

共商国事（是）

错例

全国“两会”既是共商国事的盛会，也是积极回应民意的重要平台。

辨析

“共商国事”当为“共商国是”。错例系读音相同、意义混淆所致。

每年“两会”期间，媒体报道都会出现“共商国是”这个词。应当注意的是，“国是”与“国事”是有区别的。

“是”有法则、准则之义。《尔雅·释言》：“是，则也。”“国是”专指国家大政方针、根本大计，属于书面语，带有庄重意味。如刘向《新序·杂事二》：“愿相国与诸侯士大夫共定国是。”梁启超《谭嗣同传》：“今年四月，定国是之诏既下。”

“事”指事情、职业、事业等。“国事”泛指国家大事，特别是与政治有关的事务。文天祥《〈指南录〉后序》：“国事至此，予不得爱身。”也可表示国与国之间的重要事务，如“国事访问”。

在“两会”这种重要场合，还是要用“国是”。

事(适)得其反

错例

《画蛇添足》这个故事说明，做过了头就会事得其反。

辨析

“事得其反”当为“适得其反”。错例系误解成语所致。

“适”，走之底，本义为往、到。《诗经·硕鼠》：“逝将去汝，适彼乐土。”特指女子嫁到夫家，如《孔雀东南飞》：“贫贱有此女，始适还家门。”由出嫁引申出匹配、合宜之义，如“适合”“适宜”“适当”“适度”等。

从“到”“合宜”这两个核心意义延伸出去，逐渐产生了“刚好”“恰恰”“正值”等比较抽象的含义，表示事情在时间、机遇上的偶合；而“适”本身也虚化为副词，通常用在动词谓语前或句首。《史记·魏其武安侯列传》：“夫身中大创十余，适有万金良药，故得无死。”袁枚《祭妹文》：“适先生奓（zhà）户入，闻两童子音琅琅然，不觉莞尔，连呼则则。”成语有“适得其反”，意思是恰恰得到相反的结果，如“措施不当，非但不能解决问题，还会适得其反”。“适得其反”的“适”不能写作“事情”的“事”。

额首（手）称庆

错例

中国队初战虽然告捷，但还未到额首称庆之时，亚运赛事才刚刚开始，后面的赛程还很长。

辨析

“额首称庆”当为“额手称庆”。错例系误解成语所致。

“额手称庆”也作“额手相庆”或“额手称颂”。“额”即额头，指人眉毛以上、头发以下的部分，俗称“脑门子”。“额手”即以手加额，就是双手合掌放置在额头上。这本是旧时一种祷祝仪式，后用来表示敬意或欢欣庆幸。《三国演义》第八十三回：“先主两手加额曰：‘此天之所赐，亦由三弟之灵也。’”《水浒传》第八十二回：“宋江大喜，以手加额道：‘宋江等再生之幸！’”

“首”的本义是头，如“搔首弄姿”“昂首阔步”。引申指首领，如“群龙无首”“罪魁祸首”。也指开端，如“年末岁首”。进而引申为“最先”“第一”，成语有“首当其冲”“首屈一指”。

无论哪一个义项，“额首”一说都让人感到莫名其妙。

律师授(受)权声明

错例

上海绿地申花俱乐部发布律师授权声明：已向公安机关报案，请求公安机关彻查并追究不实文章发布者的法律责任。

辨析

“律师授权声明”当为“律师受权声明”。错例系音同形近、意义混淆所致。

“受”的甲骨文字形为，象上下两手之间有一盘盂，本义为两手传递东西，包括给予和接纳两个方面。韩愈《师说》：“师者，所以传道受业解惑也。”这里的“受”指授予。《后汉书·烈女传》：“妾闻志士不饮盗泉之水，廉者不受嗟来之食，况拾遗求利以污其行乎！”这里的“受”指接受。后来，给予义另加形符“手(扌)”写作“授”来表示，而本字“受”仅表接纳，如教人知识叫“教授”，而接受教导叫“受教”。

由此可见，“授权”和“受权”是一组意义相对的词语：“授权”是把权力委托给他人或机构代为执行，而“受权”是接受委托行使做某事的权力。“律师受权声明”是律师接受客户委托发表声明，应当用“受”。

撕(厮)杀

错例

当谈判双方真枪实弹地面对面撕杀时，一旦对方看清你的真面目，不就失去了谈判的主动权？

辨析

“撕杀”当为“厮杀”。错例系读音相同所致。

“厮”本指古代干粗杂活的男性奴仆。《红楼梦》第三回：“另换了四个眉目秀洁的十七八岁的小厮上来抬着轿子。”“小厮”即年轻男仆，这里的“厮”用的是本义。引申指对男性的蔑称，相当于“家伙”“小子”，如《水浒传》第六十七回：“你这黑厮好大胆！”另外，最晚从宋代开始，“厮”有了相互之义，如欧阳修《渔家傲》词：“莲子与人长厮类，无好意，年年苦在中心里。”“厮类”即相类。在元明清三代的俗文学作品中，“厮”的这一用法也十分常见。如《三国演义》第十一回：“夏侯惇拍马便出助战，吕布阵上张辽截住厮杀。”《水浒传》第二十四回：“你的叔叔在这里，且来厮见。”《西游记》第七十三回：“他两个厮骂厮打，早惊动那里边的女怪。”“厮杀”即相互拼杀，“厮见”即相见，“厮骂厮打”即互相打骂。成语有“耳鬓厮磨”，意思是耳与鬓发互相摩擦，形容亲密相处的情景。

再来看“撕”。“撕”是用手把东西扯裂或使其离开附着物，如“他不小心把书撕破了”“墙上的标语被人撕了下来”。“撕杀”令人费解。

雾淞（凇）

错例

雾淞出现最多的地方是在吉林省的长白山，年平均出现178.9天，最多的年份有187天。

辨析

“雾淞”当为“雾凇”。错例系字形相近所致。

冬季，我国北方寒冷地区有时会出现“寒江雪柳、玉树琼花”的雾凇奇观。雾凇是寒冷季节雾气冻结在树枝上而形成的白色松散冰晶，也叫“树挂”或“雪挂”。应当注意的是，雾凇的“凇”是两点水旁，即“冫”。“冫”在小篆中写作“仌”，是“冰”的古字，《说文》的注解是：“仌，冻也。象水凝之形。”凡部首为“冫”的字，字义大多与寒冷、冰雪有关，如“凇”“凉”“凝”“凛”“冽”等。

“凇”与“淞”这两个字特别容易混淆。“淞”是三点水旁，即“氵”；本为水名，即吴淞江，也叫苏州河，发源于江苏，东流至上海，与黄浦江合流入海。著名的淞沪会战便主要发生于上海吴淞口及周边地区。

“雾凇”被错写成“雾淞”，可谓一点之差，谬以千里。

沧海一粟(栗)

错例

时间不可逆转，在历史的长河里，一个人的存在渺小如沧海一栗。

辨析

“沧海一栗”当为“沧海一粟”。错例系字形相近所致。

“粟”读 sù，是中国古代的主要粮食作物之一，故从米。北方通称“谷子”，去皮后叫“小米”。李绅《悯农》诗云：“春种一粒粟，秋收万颗子。”后泛指粮食。西汉政治家晁错写过一篇著名的政论文《论贵粟疏》，“贵粟”就是重视粮食、重视农业生产的意思。“粟”又引申指俸禄。所谓“不食周粟”就是指伯夷、叔齐在商朝灭亡后不愿做周朝的臣子、享用周朝的俸禄。由于粟的籽实很小，因而常用来比喻非常渺小、微不足道的事物，如“一丝半粟”“沧海一粟”。

“栗”读 lì，是一种落叶乔木，所以从木，它的果实就是通常所说的板栗。板栗可以烤熟吃，故有成语“火中取栗”。

追朔（溯）

错例

回顾国债的发行历史，可以追朔到1982年。

辨析

“追朔”当为“追溯”。错例系读音相近、字形相似所致。

“朔”读 shuò。农历每月初一，月球运行至地球和太阳之间，在地球上看不到月光，这种月相称为“朔”——这也是“朔”字以“月”为形符的原因。“朔”亦指农历初一，如“朔望”就是农历初一和十五。古人认为北方为日月合朔之处，因而用“朔”来指称北方。《木兰诗》：“朔气传金柝，寒光照铁衣。”“朔气”即北方之寒气。

“溯”读 sù，从水（氵），本指逆着水流向上游，如《诗经·蒹葭》：“溯洄从之，道阻且长。溯游从之，宛在水中央。”引申指往上推求、回想。所谓“追溯”，原本是指逆流而上，直至江河源头；喻指向前推算，探索事物的由来，也指回想过去的人和事。鲁迅《二心集·上海文艺之一瞥》：“要讲《申报》，是必须追溯到六十年以前的，但这些事我不知道。”“追朔”不成话。

鬼鬼崇崇(祟祟)

错例

慧芳送夏顺开出门，正遇上小芳跑得满脸通红，鬼鬼崇崇地进门。

辨析

“鬼鬼崇崇”当为“鬼鬼祟祟”。错例系字形相近所致。

“祟”读 suì，会意字：篆文下面是“示”，表示与鬼神有关；上面是“出”；合起来表示鬼神出没之意。本义为鬼神制造的灾祸。《战国策·齐策》：“寡人不祥，被于宗庙之祟，沉于谄谀之臣，开罪于君。”“宗庙之祟”即先祖神灵降下的灾祸。后来“祟”又引申指行动诡秘、不正当，如“鬼鬼祟祟”。

“崇”读 chóng，形声字，形符为“山”，声符“宗”兼表高大、敬重之意。本指山高大，如“崇山峻岭”。后泛指高，如“崇论”即高论，“崇阀”即高贵显赫之家。叠用为“崇崇”，表示高大、伟大，如李翱《杂说》：“昔管仲以齐桓霸天下，攘夷狄，华夏免乎被（同‘披’）发左衽，崇崇乎功，亦格天下，溢后世。”

“鬼鬼崇崇”让人不知所云。

T

蒜苔(薹)

错例

蒜苔不要炒肉吃了，教你更有营养的吃法，做法超简单，好吃又好学！

辨析

“蒜苔”当为“蒜薹”。错例系误认简体所致。

“苔”是个多音字。一音 tái，指苔藓一类的植物，如刘禹锡《陋室铭》：“苔痕上阶绿，草色入帘青。”又音 tāi，用于“舌苔”，指舌头表面滑腻的物质。医生常根据病人舌苔的情况来诊断病情。

“薹”读 tái，有三个义项：①指薹菜，也就是油菜；②一种多年生草本植物，生长在沼泽、水田里，叶子可用来制作斗笠和蓑衣，也叫“笠菅”；③蒜、韭菜、油菜等植物生长到某一阶段时，中央部分所长出来的茎，顶上会开花，嫩时可采来当蔬菜食用，如“蒜薹”“韭菜薹”。

有人误将“苔”认作“薹”的简化字，以致把“蒜薹”错写成“蒜苔”。实际上，“薹”没有简化。

坦(袒)护

错例

如果父母教育态度不一，一个管教，一个坦护，就会使宝宝觉得有了“靠山”，从而出现无所顾忌、动辄哭闹的现象。

辨析

“坦护”当为“袒护”。错例系读音相同、字形相近所致。

“袒”，衣字旁，意思是脱掉或敞开衣服，露出身体，如《史记·廉颇蔺相如列传》：“廉颇闻之，肉袒负荆，因宾客至蔺相如门谢罪。”特指露出胳臂。据《汉书·高后纪》记载，汉高祖刘邦驾崩后，吕后擅权，培植吕姓势力。吕后死后，太尉周勃谋诛诸吕，遂传令军中：“拥护吕氏的右袒(露出右臂)，拥护刘氏的左袒(露出左臂)。”军中皆左袒。由此“袒”便引申指出于私心而无原则地支持或庇护某一方，如“偏袒”“袒护”。

“坦”，土字旁，本义为土地平整宽阔，无凹凸不平之处，如“平坦”“坦途”。引申指直爽、无隐瞒，如“坦白”“坦率”“坦诚”“坦露心声”。进而表示内心安定，如《论语·述而》：“君子坦荡荡，小人长戚戚。”常用词有“坦然”“舒坦”等。“坦护”解释不通。

金榜提(题)名

错例

张妈妈的祖籍在湖北京山，祖父是清朝咸丰年间金榜提名的探花，后做了安徽凤阳府道台、两湖行阅史。

辨析

“金榜提名”当为“金榜题名”。错例系读音相同、意义混淆所致。

“金榜”是科举时代殿试结束后揭晓名次的布告，因用黄纸书写，故名。“题”从页，提示字义与头部有关，本指额头。额头在头部前面靠上的醒目位置，故引申指加在诗文内容前面的名目，即标题、题目。进而引申出写上、签署之义，如“题诗一首”。所谓“金榜题名”就是在金榜上写有名字，也就是殿试被录取的意思。旧时将“久旱逢甘雨，他乡遇故知，洞房花烛夜，金榜题名时”称为人生四大得意事。

“提”从手，本义是用手拎着。这是一个向上的动作，故引申指将某物从同类事物中举出、列出，如“提名”“提意见”。“提名”是在评选前列出有当选可能的人或事物的名称，并不表示最终当选。没有“金榜提名”的说法。

破啼(涕)为笑

错例

即使生活有无数个理由让你哭泣，你也要找到一个理由让自己破啼为笑。

辨析

“破啼为笑”当为“破涕为笑”。错例系读音相近所致。

“破”从石，本指石头碎裂；引申指打破、停止、止住。“涕”从水(氵)，本指眼泪，如诸葛亮《前出师表》：“今当远离，临表涕零，不知所言。”“涕零”即落泪。“涕”也可用作动词，表示哭泣。《史记·刺客列传》：“（豫让）死之日，赵国志士闻之，皆为涕泣。”“破涕为笑”的意思是止住流泪，不再哭泣，脸上露出笑容，意谓转悲为喜。

“破涕”不能写作“破啼”。“啼”从口，本义为出声地哭，如杜甫《石壕吏》：“吏呼一何怒，妇啼一何苦！”“涕”与“啼”都有哭的意思，但“涕”只是流泪，而“啼”则是大声地、很悲哀地号哭，“破啼为笑”显然不合情理。此外，这两个字的读音也不尽相同，“啼”为阳平，“涕”为去声。

搏（抟）土造人

错例

有专家考证，女娲是当时母系氏族社会的部落首领，炼石补天、搏土造人等传说是部落中生产、生活、繁衍、生息的体现。

辨析

“搏土造人”当为“抟土造人”。错例系误认繁体所致。

某刊物在描述女娲造人的传说时，将“抟土造人”误写作“搏土造人”。“抟”读 tuán，从手，专声，“专”亦表意——“专”的甲骨文字形为，楷书繁体写作“專”，上面是纺锤之形，下面的“寸”指手，合起来会以手转动纺锤之意。“抟”的本义是双手旋转，把东西捏聚成球形。在神话传说中，女娲将黄土揉成团，按自己的模样捏塑成形，遂有了人类。

“抟”的繁体“摶”与“搏”十分形似，因此很容易混淆。“搏”读 bó，本义为对打，如“搏斗”。后引申出抓捕、跳动等义，如“狮子搏兔”“起搏器”等。

"搏土造人"于理无据,也难解其意。顺便说一下,北宋有位道家学者叫陈抟,也就是民间所说的"陈抟老祖",注意名字不能写作"陈搏"。

退(蜕)化变质

错例

俄罗斯学者指出,当年苏共的退化变质和最终垮台是从领导层家庭这个最基础的层面开始的。

辨析

"退化变质"当为"蜕化变质"。错例系读音相同、意义混淆所致。

"蜕",虫字旁,本义为虫类脱皮。"蜕化"原指蝉、蛇等动物脱皮去壳的生理现象,因其形态往往会有变化,故喻指事物的脱胎演变,如"由奴隶社会蜕化为封建社会""散曲由词蜕化而来"。也比喻事物向坏的方面变化,尤其是指人的堕落。"蜕化变质"常用来表示人的思想因受到腐蚀而发生质的变化,如"那些蜕化变质分子几乎总是先从生活的腐化开始的"。

"退",走之底,本义为向后走,与"进"相对。"退化"指生物体在进化过程中某一部分器官变小、构造简化、机能减退甚至完全消失,如"企鹅的翅膀早已退化,变成了像鳍一样的东西"。引申指事物衰败倒退,由优变劣,由强变弱,但事物本身并没有发生质的变化,如"时代在进步,但人类的生存环境却在退化"。

W

枉(罔)顾事实

错例

在堂而皇之的新闻发布会上披露重要数据信息,怎么可以如此地不加论证和说明,枉顾事实,信口道来呢?

辨析

"枉顾事实"当为"罔顾事实"。错例系读音相同、意义混淆所致。

"枉"从木,本义是弯曲。成语有"矫枉过正",意思是想把弯的东西扳正,结果歪到了另一边,比喻纠正错误超过了应有的限度。由弯曲引申指使歪曲、背离,如"徇私枉法"就是指为了私利或私人情谊而违背了法律。进而指冤屈,如"冤枉""枉死"。又用作副词,表示白白地、徒劳无益地。《红楼梦》中有首曲子叫《枉凝眉》,就是徒然悲愁的意思。又用作敬辞,表示做某事使对方受委屈,相当于"屈尊",如诸葛亮《出师表》:"先帝不以臣卑鄙,猥自枉屈,三顾臣于草庐之中,咨臣以当世之事。""顾"有探望、拜访之义;所谓"枉顾"就是屈尊看望,称人来访的敬辞,如"承蒙枉顾寒舍,不胜荣幸"。"枉顾事实"说不通。

“罔”的本义是渔网。后假借作“无”，表示没有、不。成语有“置若罔闻”，意思是放在一边不管，好像没有听见一样；形容不重视、不关心。“罔顾”即不顾，“罔顾事实”就是不顾及事实或不承认事实。

流连往(忘)返

错例

仙湖水清凉碧绿，乘竹筏泛游湖上，游览观赏山水，令人流连往返。

辨析

“流连往返”当为“流连忘返”。错例系读音相近所致。

“流连”一词出自《孟子·梁惠王下》。孟子在劝诫齐宣王不要耽于游乐时，引用了晏子说过的一段话：“从流下而忘反谓之流，从流上而忘反谓之连。……先王无流连之乐，荒亡之行。”大意是说：从上游向下游游玩且乐而忘返叫作“流”，从下游向上游游玩且乐而忘返叫作“连”，古代的圣君贤王是没有这种沉迷享乐的荒唐行为的。后来，“流”与“连”凝结成义合式联绵词，表示留恋、盘桓或沉湎于游乐而忘记回返，如《北史·隋纪下》：“所至，唯与后宫流连耽湎，惟日不足。”

“往返”指一去一回，有来有往，与“流连”在语义上互相矛盾。“流连忘返”才是正确写法。

闻(文)过饰非

错例

君子知过必改,小人闻过饰非。

辨析

“闻过饰非”当为“文过饰非”。错例系误解成语所致。

“文”,象形字,甲骨文字形象人胸部有刺画的花纹,其本义为文身。《隋书·南蛮传》:“其俗,断发文身,好相攻讨。”初民文身,一是美化自己,二是吓唬猛兽,因而“文”又有装饰、掩饰之义。《论语·子张》:“小人之过也必文。”所谓“文过饰非”就是用虚假的动听言词来掩饰自己的过失。

“闻”,形声字,从耳,门声,本义为听见。有个成语叫“闻过则喜”,意思是听到别人指出自己的缺点和错误就感到高兴。引申指被听到、传布,如“名闻天下”。用作名词,表示听到的事情、消息,如“新闻”“丑闻”“奇闻异事”。也指名望、声望,如“默默无闻”。还可表示用鼻子嗅气味,如《孔子家语·六本》:“与善人居,如入芝兰之室,久而不闻其香,即与之化矣。”

“文过饰非”才是正确的词形。

趋之若骛(鹜)

错例

这是当时乐坛的大事,歌迷趋之若骛,为之疯狂,因为他们已经多年没有在舞台上看到自己的偶像了。

辨析

“趋之若骛”当为“趋之若鹜”。错例系音同形近、意义混淆所致。

“鹜”从鸟，原指家鸭。《左传·襄公二十八年》：“公膳日双鸡，饔(yōng)人窃更之以鹜。”后来也指野鸭，如王勃《滕王阁序》：“落霞与孤鹜齐飞，秋水共长天一色。”野鸭喜欢成群结队，互相追逐，故有成语“趋之若鹜”，意思是像鸭子一样成群地跑过去，比喻许多人争相追逐，含有贬义。

“骛”从马，本指马疾驰、乱跑。《汉书·音义》：“直骋曰驰，乱驰曰骛。”引申为勉力求取或胡乱追求。如“好高骛远”指脱离实际地追求过高、过远的目标；“心无旁骛”指心里没有另外的追求，即心思集中无杂念。“骛”是动词性语素，“趋之若骛”说不通。

X

迁徒(徙)

错例

纵览中国史，一直存在着大规模的迁徒活动。

辨析

“迁徒”当为“迁徙”。错例系字形相近所致。

“徙”读 xǐ。甲骨文字形左边为“彳”(chì，街道)，右边为“步”(行走)，会行路之意。本义为迁移、移居，如成语“曲突徙薪”是指把烟囱改建成弯的，把灶旁的柴草移远一些，比喻防患于未然。“徙”与“迁”都有移动的意思，可构成同义复合词“迁徙”，如“人口迁徙”“候鸟随季节变化而迁徙”。

“徒”读 tú，古文字形从辵(chuò，脚走路)，土声，“土”兼表意，提示字义与陆地有关。本指步行，如《晋书·郭文传》：“文不肯就船车，荷担徒行。”由不借车马引申为没有依凭的、空的，如“徒手”指赤手空拳，“徒首”指没有盔甲。虚化为副词，表示行为没有效果，如“徒劳无益”，“少壮不努力，老大徒伤悲”。又从步行引申用作名词，表示“走到一起的人”，即同派或同类的人，如“门徒”“信徒”“市井之徒”。

尽管“徒”意义丰富，但不能与“迁”组合成词。

洁白无暇（瑕）

错例

治军严明的将军手戴雪白的手套，从水兵舱室、机舱、炮位、驾驶室到伙房，上下探摸了一遍，手套仍然洁白无暇。

辨析

“洁白无暇”当为“洁白无瑕”。错例系读音相同、字形相近所致。

“瑕”从玉，本指带赤色的玉石。引申指玉上的斑点或裂痕，如《史记·廉颇蔺相如列传》：“璧有瑕，请指示王。”成语有“白璧微瑕”“瑕不掩瑜”“瑜瑕互见”等。进而喻指人或事物的缺陷、不足。“洁白无瑕”本指玉色纯白，没有斑点；后用来比喻非常完美，没有缺点。

“暇”从日，表示与时间有关，本义为空闲。如“抽暇”即抽空；“目不暇接”是说东西多得眼睛来不及看；“无暇”则是指没有空闲时间、顾不上，如《红楼梦》第九十九回：“家中事情接二连三，也无暇及此。”“洁白”与“无暇”无法搭配。

安祥（详）

错例

她睡得安祥而沉静，呼吸均匀，一张洁白娇嫩的脸就像一个梦境,美丽而虚幻。

辨 析

“安祥”当为“安详”。错例系读音相同、字形相近所致。

羊性情温顺且肉味鲜美,是远古人类的重要食物来源和祭祀珍品,因此,以“羊”为形符的汉字往往有平和、美善之意。

“羊”加“示(礻)”为“祥”,本指福祉。引申为神预示的征兆,后多指吉兆,如“吉祥”“祥瑞”“龙凤呈祥”。又引申为善良、和善。《冯谖客孟尝君》中齐王向孟尝君谢罪时自称“寡人不祥”,“不祥”即不好、不善。常用词有“慈祥”等。

“羊”加“言(讠)”为“详”,本义为全面、完善地述说。引申指详尽、完备,如“详谈”“语焉不详”。也指审慎,成语有“详刑慎罚”。又由审慎、仔细引申为庄重、沉稳,如“安详”。所谓“安详”就是从容不迫、稳重大方,如“面容安详”“安详地坐在椅子上”;也指平静、安宁,如“心情变得安详”。“安详”的“详”不能写作“吉祥”的“祥”。

好象(像)

错 例

幽静的院落里有一棵在秋天结满硕果的柿子树,几间青瓦参差、石墙为底的北屋,好象仍能隐隐飘出他熟悉的读书之声。

辨 析

“好象”当为“好像”。错例系音同形近、意义混淆所致。

按现行汉字规范,使用“象”字的情况有:①表示动物,如“大象”“盲人摸象”;②表示自然界或人、物的形态,如“气象”“天象”

“景象”“形象”“印象”；③用作动词，指仿效、摹拟，如“象形字”“象声词”。

使用“像”字的情况主要有：①用模仿或比照的方法制成的人或物的形象，如“雕像”“肖像”“摄像”；②因光线的反射或折射而形成的与原物相同或相似的图景，如“镜像”“实像”“虚像”；③用作动词，表相似，如“好像”“情况相像”；④用作动词，表举例，相当于“如同”，如“像这种情况真的很少见”；⑤用作副词，表猜测，相当于“似乎”，如“他好像在说什么”。“好像”不能写作“好象”。

九宵(霄)

错例

她觉得自豪，觉得幸福，什么烦闷不开心，都一齐飞向九宵。

辨析

“九宵”当为“九霄”。错例系读音相同、字形相近所致。

“霄”从雨，本指下雪前或下雪时空中落下的小冰粒，也叫“霰(xiàn)”。引申指高空中的云气；进而指天空、高空。按道家传说，天有九重，称为“九霄”或“九重霄”。在中国传统文化中，“九”为数之极，“九霄”就是天之极高处。成语有“九霄云外”，比喻极远的地方。

“宵”从宀(mián，房屋)，表示室内光线变暗，本义为夜晚，与“夜”对举时特指前半夜。如“通宵”即整晚，“宵禁”即禁止夜间活动，而“元宵”本指上元节晚上，也就是农历正月十五日夜晚。林杰《乞巧》诗云：“七夕今宵看碧霄，牵牛织女渡河桥。”“今宵”就是今晚，所以用从宀的“宵”；而“碧霄”是传说中九重天中的一重，因此用“霄”。

如影随行(形)

错例

在希腊神话中,双子是天神宙斯的一对孪生子,兄弟俩都是无敌的勇士,他们如影随行,手足情深。

辨析

“如影随行”当为“如影随形”。错例系误解成语所致。

“如影随形”的意思是像影子总是跟着身体一样,比喻两个人或两种事物关系密切。语本《管子·任法》:“臣之事主也,如影之从形也。”“形”指形体、身体,如白居易《秦中吟·重赋》:“幼者形不蔽,老者体无温。”这里的“形”与“体”对举,均指人的身体;“形不蔽”是说衣服破烂得连身子都遮盖不住。“影”指影子、影像,如李白诗“举杯邀明月,对影成三人”。“形”与“影”是一对意义相关的语素,由它们构成的成语除了“如影随形”之外,还有“形影不离”“形影相吊”“形单影只”等。

“行”指行走,用作动词。“如影随行”是生造词。

人物原形(型)

错例

《在那遥远的地方》是一部以“西部歌王”王洛宾为人物原形创作的音乐故事片。

辨析

“人物原形”当为“人物原型”。错例系读音相同、意义混淆所致。

“形”的本义为形体、实体。所谓“象形字”就是用描摹实物的方法造出来的文字。引申指形状、样子，如“圆形”“三角形”“地形”。“型”本指铸造器物用的土模子。引申指标准样式、榜样，如文天祥《正气歌》：“哲人日已远，典刑（通“型”）在夙昔。”又引申为类别、规格，如“血型”“大型”。

“形”与“型”意思不同，与同一语素组合成词后，含义也不一样。“体形”指人或动物的身体形状，带有主观意味，如“她体形优美”“海蜇的体形像把伞”；“体型”则是对体形的概括分类，是以数据测量等方式将体形划分成的若干类型，主要着眼于身体各部分的比例，如“他完全是一副欧洲人的体型”。

“原形”指原来的形象、本来的面目，含贬义，如“原形毕露”；“原型”指最初的模型或类型，特指文艺作品中塑造人物形象所依据的现实生活中的人。

反醒（省）

错例

我们需要的是员工自身对失误的认识和反醒，而不是对员工的全面否定。所以，批评也要讲方法。

辨析

“反醒”当为“反省”。错例系意义混淆所致。

“省”的下面是“目”，提示字义与眉目有关。本义为视察、察看，读 xǐng，如《史记·秦始皇本纪》：“维二十九年，皇帝春游，览省远方。"引申指对个人思想行为进行检查，如《论语·学而》："吾日三省吾身。"意思是我每天从三个方面来检查自己。所谓"反省"就是回想自身的思想行为，检查其中的错误。

"醒"的左边是"酉(酒器)"，提示字义与酒有关。本指酒醒，如欧阳修《醉翁亭记》："醉能同其乐，醒能述以文者，太守也。"后泛指苏醒，如"睡醒""从昏迷中醒来"。进而引申指头脑变得清楚，如"觉醒"。

"省"和"醒"都有明白的意思，区别在于："省"更多地强调通过自身的省察和思考而逐渐明白的过程，如"内省""发人深省"；"醒"则强调认识由模糊而变得清楚的结果，如"幡然醒悟""如梦方醒"。

在家修(休)养

错例

他1970年初中毕业进唐钢，当过钳工和火车连接员，1980年因公受伤后在家修养。

辨析

"在家修养"当为"在家休养"。错例系读音相同所致。

"修"，形声字，从彡(shān，表装饰)，本义为修饰整治，如"装修""不修边幅"。修饰是为了臻于完美，由此引申指品行、学问等方面的学习、锻炼和培养，如《论语·述而》："德之不修，学之不讲，闻义不能徙，不善不能改，是吾忧也。"所谓"修养"，就是指一个人思想、学识或技能方面的水平，也指待人处世的态度和境界。

"休"，会意字，会人在木下之意，本义为休息。"休养"即休息调养，以恢复体力，如陆游《小憩》："休养观书眼，调娱宴坐身。"也指社会大动荡后减轻人民负担，安定人民生活，以发展生产，恢复元气。韩愈《平淮西碑》："高宗、中、睿，休养生息；至于玄宗，受报收功。"

"修养"和"休养"，前者是名词，后者是动词，意义完全不同。

必须(需)品

错例

飞机向灾区运去了食品、药物和其他生活必须品，也为被困在边远地区高速公路上的司机分发了救援物品。

辨析

"必须品"当为"必需品"。错例系读音相同、意义混淆所致。

"须"和"需"都有必要的意思，在文言文中有时可通用，但现在有了较为明确的分工。

"须"为助动词，指必要、应当，如"上课须专心听讲"。"需"为动词，指需要，如"完成任务需三天时间"；引申用作名词，指需要的东西，如"军需"。"须要"表示一定要做某事，如"登机前须要进行安检"。"需要"表示应该有或一定有，如"时代需要英雄"；也表示对事物的欲望或要求，如"满足民众的需要"。"必须"是副词，强调"非做不可"，只能修饰动词，不能修饰名词，如"必须完成任务"；"必需"是动词，强调"一定要有、不可少"，可修饰名词，如"完成任务所必需的条件"。

"必需品"指生活上必不可少的物品。"必须品"说不通。

渲(宣)泄

错例

七年的失意和怨恨,也许就是为了这一刻情绪的渲泄,为自己去寻找心理的平衡。

辨析

"渲泄"当为"宣泄"。错例系读音相近、意义混淆所致。

"宣"读 xuān,从宀(mián,房屋),本指天子公开布政的宫室。由布政之所引申出公开表达之义。成语有"心照不宣",意思是彼此心里都明白,但谁也没有说出来。进而由公开说出引申为排出、散出,如《药性论》:"治常欲眠,养肝气,宣五脏风气。""泄"亦有排放义,如"发泄""排泄""水泄不通"等。这样,"宣"和"泄"便组成同义复合词"宣泄",表示将积水排出去;也可表示舒散不良情绪,如"宣泄心中的愤懑"。

"渲"读 xuàn,从水(氵)。《玉篇》:"渲,小水。"引申指一种国画技法,先把颜料涂在纸上,再用笔蘸水涂抹,使色彩浓淡适宜,即"渲染"。"宣泄"的"宣"误作"渲",除了这两个字音近形似、容易混淆之外,大概也是受三点水旁"泄"的影响所致。

寒喧(暄)

错例

一个月没见,马晓军比以前瘦了许多。寒喧了几句,他做了一个“请”的手势，将我让进了摄影棚。

辨析

“寒暄”当为“寒暄”。错例系读音相同、字形相近所致。

“暄”从日，提示字义与阳光有关，本义为温暖。杜甫《后游》：“野润烟光薄，沙暄日色迟。”“暄”与“寒”相对。“寒暄”本指冷暖；引申指冬夏、岁月，如裴说《喜友人再面》：“一别几寒暄，迢迢隔塞垣。”又引申用作动词，指见面时说一些关于天气冷暖的客套话。《儒林外史》第十回：“彼此谦让坐下，寒暄已毕，摆上两席酒来。”

“喧”从口，意思是声音大而嘈杂，如陶渊明《饮酒·其五》：“结庐在人境，而无车马喧。”成语有“喧宾夺主”，意思是客人的声音比主人的声音还要大，比喻客人占了主人的地位或外来的、次要的事物侵占了原有的、主要的事物的地位。

有人认为见面问候要用“口”，因而误将“寒暄”的“暄”写作口字旁的“喧”。

弦(旋)律

错例

欢快的锣鼓擂出青春激情，紧张的弦律踏响春的消息。

辨析

“弦律”当为“旋律”。错例系读音相近所致。

“弦”读 xián，从弓，本指系在弓背两端能发箭的绳状物。后指乐器上用来发音的金属丝，如李商隐诗“锦瑟无端五十弦，一弦一柱思华年”。古人以琴瑟喻夫妇，故称丧妻为“断弦”，再娶为“续弦”。

“旋”读 xuán，甲骨文字形会足部随旗帜挥舞而转动之意，本义为转动、旋转。“旋律”是指若干乐音经过艺术构思而形成的有组织、有节奏的和谐运动。通俗点说，“旋律”就是曲调，因其具有回旋往复的特点，故名。所有的音乐都有旋律，但旋律不一定要借助“弦”来表现——在乐器家族中，除了弦乐器外，还有管乐器、打击乐器等。“旋律”不能写作“弦律”。

眩（炫）目

错例

了解李敖吗？远不敢说。只觉得他像一粒水心钻石，在那坚硬、眩目的外壳下，是一颗纯净如水的赤子之心。

辨析

“眩目”当为“炫目”。错例系音同形近、意义混淆所致。

“眩”和“炫”都读 xuàn。“眩”，目字旁，本指眼睛昏花，看不清楚。《战国策·燕策三》：“左右既前，斩荆轲。秦王目眩良久。”常用词有“头晕目眩”等。由视物不清引申指迷惑、惑乱，如《淮南子·主术训》：“天下多眩于名声，而寡察其实。”“眩于名声”就是被盛名所迷惑。

“炫”，火字旁，本义为照耀、辉映。《说文》：“炫，耀耀也。”显然，“炫”与“耀”义近，故而能组成并列式合成词“炫耀”；也可同义对举，构成短语“炫目耀眼”。“炫目”即耀眼，形容事物光彩照人的样子，如《聊斋志异·双灯》：“魏视书生，锦貂炫目，自惭形秽，腼颜不知所对。”

“眩”是人的生理反应，“炫”是物的外在光华，不可混为一谈。

消(削)弱

错例

喝酒、吸烟可以消弱逻辑思维的能力,使人的原始认知显现出来。

辨析

"消弱"当为"削弱"。错例系读音相近、意义混淆所致。

"消"音 xiāo,从水(氵)。《说文》:"消,尽也。"《广雅》:"消,灭也。"可见其本义为使事物不复存在,如"消失""消灭""烟消云散""借酒消愁"等。

"削"从刀(刂),本义为用刀斜着去掉物体的表面。在口语中单独使用时读 xiāo,如"削苹果""削铅笔";在合成词中读 xuē,如"剥削""削足适履""削铁如泥"。由刀刮引申为分割,如《战国策·齐策一》:"夫齐,削地而封田婴,是其所以弱也。"进而虚化出使事物减少、减弱之义,如"削价""削减""削弱"。"削弱"的意思是使某种力量变弱,而不是使其不复存在,因此只能用"削",不能用"消"。

报仇血(雪)恨

错例

但见徐长老的灵牌上涂满了鲜血,那是丐帮的规矩,意思是说死者是为人所害,本帮帮众须得为他报仇血恨。

辨析

“报仇血恨”当为“报仇雪恨”。错例系读音相近所致。

雪是一种自然现象，因其颜色白，给人一种洁净的感觉，故而引申用作动词，表示洗去、除去之义。如“雪耻”就是洗刷耻辱；“雪冤”就是除去无故遭受的不公平对待，恢复清白的名声；“雪恨”则是去除内心的怨恨，如《三国演义》第五十八回的回目“马孟起兴兵雪恨　曹阿瞒割须弃袍”。“雪恨”与“报仇”义近，二者常常连用，如《水浒传》第一百一十五回：“宋江心焦，急欲要报仇雪恨，嗟叹不已。”

“血”指血液。用作动词时，可表示沾染鲜血。所谓“兵不血刃”就是兵器上没有沾血，形容未经激烈战斗就轻易获胜。

显然，“血恨”说不通。“报仇雪恨”误作“报仇血恨”，大概是受“血海深仇”一词的影响。

Y

病怏怏(恹恹)

错例

我免疫力差,特别容易感冒、发烧,然后就头疼,精神不好,人也是病怏怏的。

辨析

“病怏怏”当为“病恹恹”。错例系读音相近所致。

“恹”音 yān,常叠用,形容精神不振或衰弱无力的样子,如“恹恹欲睡”“恹恹成病”。“怏”音 yàng,指不满意、不高兴的样子,如“怏然不悦”“怏怏不乐”。

从语义关系来看,“恹恹”附着在“病”的后面,是对“病”的状态和程度进行补充说明,而“怏怏”与“病”的语义关联不强。再从实际使用情况来看,“病恹恹”一词早已出现,如唐朝刘兼《春昼醉眠》诗:“处处落花春寂寂,时时中酒病恹恹。”宋代欧阳修《定风波》词:“把酒送春惆怅甚。长恁,年年三月病恹恹。”未见“病怏怏”的说法。

淹(湮)没无闻

错例

在这种模式作用下,曾经产生出了无数作品,但由于其本身的缺陷,大都在文学史的海洋中淹没无闻了。

辨析

“淹没无闻”当为“湮没无闻”。错例系读音相同、意义混淆所致。

“湮没”和“淹没”读音相同,词义有别。“湮”是个会意字,左边为“水(氵)”,右上角的“西”象竹筐之形,右下角则为“土”,合起来表示填塞、堵塞。《庄子·杂篇·天下》:“昔禹之湮洪水,决江河而通四夷九州也。”故而“湮没”可表示被尘沙掩埋,如“古丝绸之路上曾繁华无限的楼兰古城,如今都湮没在了黄沙之下”。引申指埋没、磨灭,通常指人或事物随时间流逝而渐渐消失或无人知晓。张溥《五人墓碑记》:“凡富贵之子,慷慨得志之徒,其疾病而死,死而湮没不足道者,亦已众矣。”“淹没”本指大水漫过或浸没,如“洪水淹没了道路”;喻指一物盖过一物,如“欢呼声淹没了他的讲话”。

总体来看,在现代汉语中,“淹没”的对象通常为具体事物,该事物依然存在,只是被掩盖了;而“湮没”的对象多为抽象事物,该事物已消失不见。

延(沿)用

错例

秦汉时期所形成的铁制生产工具以及古典机具，一直延用到明清时期，甚至在我们现代生活中，在现代某些地区还在使用。

辨析

“延用”当为“沿用”。错例系读音相同所致。

“延”和“沿”音同义迥。“延”最初的写法从彳(chì，街道)，从止(脚)，本义为走长路。引申指伸展、拉长，如“延续”“蔓延”。又引申为暂缓、推迟，如“延期”“延误”“延缓”。“沿”是三点水旁，本义为顺着水流方向而行，如《尚书·禹贡》：“沿于江海，达于淮泗。”后来不限于水，顺着山脚、顺着小路走都可以用“沿”来表示，如“沿街乞讨”“沿途观光”。此后“沿”的词义逐渐虚化，有了因袭和依照的意思，如“世代相沿”“沿袭”“沿革”等。

“延”主要指空间上的延展，如“绵延万里”；也可以指时间上的延长，如“延年益寿”。“沿”则强调方式方法的持续使用。“沿用”即继续使用过去的方法、制度、法令等，不能写作“延用”。

膺(赝)品

错例

高楼大厦、飞机大炮、原子弹都可以造得出来，唯有文物是造不出来的，造出来的文物都是假的，叫膺品。

辨析

"膺品"当为"赝品"。错例系字形相近所致。

"赝"读 yàn，意思是伪造的、假冒的。"赝"是"雁"的分化字。"雁"本为鸟名，有说法称，因其似鹅非鹅，故引申出伪造之义。《韩非子·说林下》："齐伐鲁，索谗鼎（也叫崇鼎、岑鼎，为天子宝器），鲁以其雁往。齐人曰：'雁也。'鲁人曰：'真也。'"这里的"雁"，就是指假的谗鼎。此义后来用"赝"来表示——增加形符"贝"，是因为伪造的目的是谋利。如"赝本"就是假托名人手笔的书画等，"赝币"就是伪造的钱币，"赝品"则指伪造的文物或艺术品。

"膺"读 yīng，从肉（月），提示字义与身体部位有关。本指胸膛，如"义愤填膺""以手抚膺坐长叹"；引申用作动词，表示承受、担当，如"身膺重任""荣膺勋章"。"膺"与仿冒品无关。

沓（杳）无音讯

错例

雨季过去了，整个夏季也过去了，他却沓无音讯。

辨析

"沓无音讯"当为"杳无音讯"。错例系字形相近所致。

"沓"和"杳"因形似而经常用错。"沓"读 tà，会意字，篆文从水，从曰（说），会话语如流水般滔滔不绝之意。本义为话多。可叠用。张岱《陶庵梦忆·金山竞渡》："晚则万艓（dié，小船）齐开，两岸沓沓然而沸。""沓沓然"指声音嘈杂的样子。引申指重复、重叠，如李白诗“香炉瀑布遥相望，回崖沓嶂凌苍苍”，“沓嶂”指层层叠叠的山峦。进而引申为杂乱，如“杂沓”“纷至沓来”。又由重叠引申为量词，用于堆放在一起的薄的东西，读音变作dá，如“一沓钞票”。

“杳”读yǎo，也是会意字。上为“木”，下为“日”，会太阳隐于树下之意。本义为幽暗。引申指幽远、深邃、渺茫，如“杳如黄鹤”“杳无音讯”。亦可叠用，如刘长卿《送灵澈上人》诗：“苍苍竹林寺，杳杳钟声晚。”这里的“杳杳”形容钟声渺远。

“沓”和“杳”形近义殊，使用时要注意分辨。

圮(圯)上老人

错例

他（刘邦）的业师，就是“三杰”中的张良；张良的业师，是圮上老人。他们的衣钵真传，是彰彰可考的。

辨析

“圮上老人”当为“圯上老人”。错例系字形相近所致。

“圯”读yí。“圯上老人”即黄石公，据说他是西汉开国功臣张良的师父。据《史记·留侯世家》记载，他曾在桥上授予张良一部《太公兵法》，故而又称“圯上老人”。“圯”，本义为桥，后特指黄石公授书的那座桥，如李白《经下邳圯桥怀张子房》诗：“我来圯桥上，怀古钦英风。”

“圯”很容易误写作“圮”。“圮”读pǐ，意思是坍塌、毁坏，如《徐霞客游记》：“趋白云庵，人空庵圮。”引申指摧伤、伤害，如《三国志·吴志·诸葛恪传》：“是以悲恸，肝心圮裂。”

“圯”用作名词，“圮”用作动词，不可混淆。

暴露无疑(遗)

错 例

中国女足的人才断档问题在这场比赛中也暴露无疑。

辨 析

“暴露无疑”当为“暴露无遗”。错例系误解词语所致。

“遗”的本义是因疏忽而丢失、落下，即遗失、遗漏，如《韩非子·难二》：“齐桓公饮酒醉，遗其冠，耻之，三日不朝。”那么，“无遗”就是没有遗漏。“纤芥无遗”就是任何细微之处都没有遗漏；“一览无遗”就是一眼望去所有事物都能看到，无一遗漏；“暴露无遗”则是说完全显露出来，没有任何遗漏的地方。

“无疑”和“无遗”不同。“无疑”指没有疑问、没有猜疑，表示肯定或信任，如苏轼《策略四》：“天子与执政之大臣，既已相得而无疑，可以尽其所怀，直己而行道。”常用词语有“确凿无疑”“真实无疑”等。

“无遗”着眼于事物的完整性，“无疑”则强调事物的可信性，这两个同音词意义完全不同。没有“暴露无疑”的说法。

不能自己(已)

错 例

在漫天风沙里望着你远去，我竟悲伤得不能自己。

辨析

“不能自己”当为“不能自已”。错例系字形相近所致。

“已”和“己”形似而义殊。半开口的“已”读 yǐ，本义为停止，用作动词。如荀子《劝学》：“学不可以已。”意思是学习要持之以恒，不能中途停止。诸葛亮《后出师表》：“鞠躬尽瘁，死而后已。”意思是竭尽心力，至死方休。“自已”即自止，也就是抑制或约束自己的意思。“不能自已”通常指无法控制自己激动的感情。如辛弃疾《美芹十论》：“徒以忠愤所激，不能自已。”又如朱自清《背影》：“他触目伤怀，自然情不能自已。”

全开口的“己”读 jǐ，用作代词，指代自身、本人，如“己所不欲，勿施于人”，“知己知彼，百战不殆”，“若要人不知，除非己莫为”，等等。显然，“不能自己”解释不通。

亦(抑)或

错例

在无数个黎明黄昏，亦或辗转难眠的夜半，回首这些年所走过的路，我不禁感慨万端。

辨析

“亦或”当为“抑或”。错例系读音相同所致。

“抑”是一个表示选择关系的文言连词，相当于“还是”。《论语·学而》：“求之与，抑与之与？”意思是：“是他自己求得的呢，还是人家主动给他的呢？”“或”也可表示选择，如《红楼梦》第四回：“每日或饭后，或晚间，薛姨妈便过来，或与贾母闲谈，或与王夫人相叙。”

起初，“抑”与“或”表选择是分别单用的，但因二者义近，故而逐渐凝结成双音词“抑或”，相当于“或者是”“还是”，如刘鹗《〈老残游记续集〉自序》：“人生果如梦乎？抑或蒙叟之寓言乎？”如今“抑或”已被收入《现代汉语词典》，成为一个具有书面语色彩的选择连词。

“亦”是副词，常用来表示同样或两事并列，相当于“也”“又”，如《孟子·告子上》：“鱼，我所欲也；熊掌，亦我所欲也。”没有“亦或”一词。

神采弈弈(奕奕)

错例

他手里拄着手杖，穿着长袍，神采弈弈，谈话时声音洪亮，精神饱满。

辨析

“神采弈弈”当为“神采奕奕”。错例系读音相同、字形相近所致。

“奕”和“弈”均读作 yì。“奕”从大，本指高大美好的样子，常叠用。沈佺期《从幸香山寺应制》诗云：“南山奕奕通丹禁，北阙峨峨连翠云。”“奕奕”与“峨峨”都是高大的意思。又可表示明亮。《北齐书》卷十二：“琅邪王眼光奕奕，数步射人。”“眼光奕奕”犹言目光炯炯。进而由明亮引申指精神焕发的样子，如“神采奕奕”。

“弈”从廾(gǒng)，“廾”的古文字为双手捧物之状。“弈”就是围棋，“弈局”即棋局，“弈枰”即棋盘。用作动词，指下棋。《论语·阳货》：“不有博弈者乎？”这里的“博弈”指玩局戏和围棋；如今多用来比喻为谋取利益而竞争。

“奕”和“弈”形似，但字义毫无关联。

义(意)气用事

错例

绝不能因习武而心浮气躁、义气用事，更不能学了几招便以强凌弱。

辨析

“义气用事”当为“意气用事”。错例系读音相同、意义混淆所致。

“意气”和“义气”是同音异义词。“意”从音，从心，本指心里的想法，引申指愿望、情趣、感情等。“意气”的常用义项有三：①意志和气概，如毛泽东《沁园春·长沙》：“书生意气，挥斥方遒。”成语有“意气风发”。②志趣和性格，如“意气相投”。③由于主观和偏激而产生的情绪，如“意气用事”就是缺乏理智，只凭一时的想法和情绪办事。

“义”，《说文》释作“威仪”。由威仪引申指公正合宜的道德或行为。“义气”本指节烈、正义的气概，如《宋书·沈庆之传》：“鞠旅伐罪，义气云踊。”（“鞠旅”即誓师）“义气”后多指为情谊而甘愿替别人承担风险或牺牲自己利益的气度，如《三国演义》第二十四回：“云长义气深重，必不肯降。”

“意气用事”不可写作“义气用事”。

绿草如荫(茵)

错例

大道长200米，宽20米，两旁的街心公园绿草如荫，花木葱郁，还建有供人休息的中国亭和木凳。

辨析

“绿草如荫”当为“绿草如茵”。错例系读音相同所致。

“茵”本指古时铺在车上的席子。有个典故叫“污车茵”，说的是汉宣帝时的丞相丙吉为人宽厚，其车夫曾因酒醉而呕吐在他的车上，他却毫不介意地说：“此不过污丞相车茵耳。”后用“污车茵”比喻醉后失误或替人掩盖过错。

“茵”还可泛指各种铺垫之物。成语“居不重茵”是说坐卧处不铺两重垫子，比喻生活节俭。“茵”常用来比喻草地柔软、细密、平整，如许浑《寄桐江隐者》诗：“潮去潮来洲渚春，山花如绣草如茵。”（一作杜牧诗）常用词语有“绿草如茵”“芳草如茵”等。

“荫”指林木遮住日光所形成的阴影。汉语中有“成荫”一词，形容树木枝叶茂盛，挡住了阳光，如“绿树成荫”；没有“如荫”的说法。

心心相映(印)

错例

爱是一种两情相悦的吸引、心心相映的维系。

辨析

"心心相映"当为"心心相印"。错例系误解成语所致。

"印"的甲骨文字形上边是手爪，下边为跪着的人，表示以手按压，使人下跪。本义为按压。使用图章时须用力下压，故引申指图章或图章留下的痕迹，如"盖印""钢印"。图章的印迹必然与图章上的文字完全吻合，于是又引申出彼此符合的意思。如"印证"是指通过对照比较，证明与事实相符；"心心相印"本指禅宗师徒间无需文字、言语的传达即能相互契合，了悟禅理，后用来形容彼此思想感情完全一致。

"映"从日，本义为照，如杨万里《晓出净慈寺送林子方》："接天莲叶无穷碧，映日荷花别样红。""映日"即映照着日光。"心心相印"说的不是两颗心互相映照，因此不能用"映"字。

非赢/盈(营)利性组织

错例

① 陕西雷霆应急救援中心是一支完全由民间志愿者发起成立并正式登记注册的非赢利性组织。

② 营销不只可以被盈利性组织所使用，还可以被诸如博物馆、教堂、慈善机构等非盈利性组织所使用，以吸引客户、志愿者和捐助基金。

辨析

"非赢/盈利性组织"当为"非营利性组织"。错例系读音相同、意义混淆所致。

"营"从宫(房屋)，本义为四周垒土而居。由建造引申指筹划、料理，如"经营""私营""营业"。又引申为谋求、获取，如"结党营私”。“营利”即谋求利润。“非营利性组织”是指不以获取利润为宗旨的组织机构，如学校、科研院所、图书馆、博物馆、志愿者协会以及社会福利机构等。

“盈”从皿，本指器皿水满。水满则溢，于是引申为超出、多余。“盈利”指扣除成本后的利润，是名词，如“今年企业只有很少的盈利”。

“赢”从贝（货币），本义为经商获利。“赢利”即获得利润，是动词，如“今年企业由亏损转为赢利”。用作名词时，与“盈利”同义。

可见，“营利”讲的是主观意图，“赢/盈利”说的是客观结果。非营利性组织不以谋利为目的，是因其性质而得名；如果写成“非赢/盈利性组织”，那就是指该组织未产生利润，这显然不符合学校、图书馆等机构的属性。

反应（映）现实

错例

他还承认，在美国听到的有关委内瑞拉的消息经常是“片面的、被歪曲了的”，无法客观公正地反应现实。

辨析

“反应现实”当为“反映现实”。错例系读音相同、意义混淆所致。

“映”指照射。“反映”本指反照、反射，即某物的形象倒反映射到另一个物体上，如“远山的倒影反映在湖面上”；喻指把事物的原形、本质表现出来，如“艺术反映生活”；也指把情况、意见等向上级主管部门传达，如“要认真对待群众反映的问题”。

"应"指作出反响,如《史记·项羽本纪》:"范增数目项王,举所佩玉玦以示之者三,项王默然不应。""反应"指对外界影响作出的回应:既指有机体受刺激后引发的活动,如"地震前不少动物有异常反应";又指某一事件引起的反响,如"他的讲话引起热烈的反应";特指物质发生物理、化学变化的过程,如"热核反应""氧化反应"。

"反映"与"反应",前者是主动的,后者是被动的;前者可带宾语,后者通常不带宾语。

尤(犹)如

错例

市场经济尤如滚滚大潮,企业家便是大潮中义无反顾的弄潮儿。

辨析

"尤如"当为"犹如"。错例系读音相同所致。

"犹"从犬(犭),本为兽名,因外形如麂(一说似猴),故引申出如同、好像之义。比如,成语"虽死犹生"是说人虽死,却如同活着一般,形容死得有价值;"过犹不及"是说事情如果做过头,就跟做得不够一样。"如",从女,从口,会女子听从指令之意。本义为遵从、依照,如"称心如意""如期完工"。由遵照引申指如同、像,如"胆小如鼠""度日如年"。"犹"与"如"义近,并列成词,"犹如"即如同。

"尤"的义项很多:用作形容词,指突出的、特异的,如"尤物"即优异的人或物;用作副词,指更加,如"尤为突出";用作动词,指责怪,成语有"怨天尤人";还可用作名词,指过失、罪过,"以儆效尤”即用来警告那些学着做坏事的人。“尤”没有“好像”的意思，不能写作“尤如”。

滥芋(竽)充数

错例

他很为梅勒可惜，认为梅勒的后期著作“有些粗制滥造，滥芋充数”。

辨析

“滥芋充数”当为“滥竽充数”。错例系字形相近所致。

成语“滥竽充数”出自《韩非子·内储说上》，说的是不会吹竽的南郭先生混在齐宣王的宫廷乐队里充数，比喻没有真才实学的人冒充行家，或喻以次充好，有时也作自谦之辞。

“竽”读 yú，竹字头，指古代一种竹制簧管乐器，外形似笙而略大，管数也更多，战国时盛行于民间，如《楚辞·九怀·昭世》：“闻素女兮微歌，听王后兮吹竽。”

“芋”读 yù，草字头，本指一种多年生草本植物，俗称“芋艿”“芋头”；后泛指薯类植物，如“山芋”即甘薯，“洋芋”即马铃薯。清代文学家周容写过一篇散文《芋老人传》，其中的“芋”指的是芋头。“芋”和“竽”是完全不同的两种东西。

竭泽而鱼(渔)

错例

用高票价弥补上座率低，是一种短视行为，是竭泽而鱼，是饮鸩止渴。

辨析

“竭泽而鱼”当为“竭泽而渔”。错例系音同形近、意义混淆所致。

“竭泽而渔”就是排尽池沼中的水来捕鱼。比喻目光短浅，只图眼前利益，不作长远打算；也指违背自然规律，肆意掠夺自然资源；还可形容统治者对民众的残酷压榨。应当注意的是，这里的“渔”是捕鱼的意思，不能写作“鱼”。

“鱼”用作名词，指水栖动物的一种；也指像鱼一样的东西，如“鱼雷”“木鱼”。因古时有借鱼腹和雁足传信的说法，故用“鱼雁”来借指书信，如戴叔伦《相思曲》：“鱼沉雁杳天涯路，始信人间别离苦。”“鱼沉雁杳”即音信断绝。

“渔”在甲骨文中已出现，本义为捕鱼，用作动词，如“渔业”“渔翁”“渔场”。引申指谋取、掠夺，如“渔利”就是用不正当的手段谋取利益，“渔夺”即侵夺、掠取。“竭泽而渔”应当用动词“渔”。

始终不逾(渝)

错例

俄罗斯总统说，始终不逾地推行国家综合性海洋政策是俄国策的最为优先的方面之一。

辨析

“始终不逾”当为“始终不渝”。错例系音同形近、意义混淆所致。

“渝”，三点水旁，本指水变污；后泛指改变、违背、背弃，如柳宗元《吊屈原文》:“穷与达固不渝兮,夫惟服道以守义。”“始终不渝”就是自始至终没有变化,常用来形容感情真挚或立场坚定;相关成语有“忠贞不渝”“矢志不渝”“白首不渝”等。

“逾”,走之底,本义为跳过、越过,如杜甫《石壕吏》:“老翁逾墙走,老妇出门看。”引申指越过某个空间或某段时间,如“逾江”即渡江,“逾假不归”即假期已满而未回归。又泛指超出、胜过,如“年逾花甲”就是超过六十岁,“逾常”即超过寻常。进而虚化为副词,表示程度加深,相当于“更加”,如杜甫诗“江碧鸟逾白,山青花欲燃”。没有“始终不逾”这个成语。

源(原)动力

错例

国际投资的源动力来自利益驱使,资本永远追逐高回报。因此国际投资总是从收益低的地方流到收益高的地方。

辨析

“源动力”当为“原动力”。错例系音同形近、意义混淆所致。

“原”和“源”是母字与分化字的关系。“原”的古文字形为,象泉水从山崖间涌出来,本义为水流的源头——后来此义用“源”来表示。

在现代汉语中,此二字的区别在于:“原”是形容词性语素,表示最初的、本来的,如“原始”“原生态”“原理”“病原体”;亦可表示未加工的、没有改变的,如“原稿”“原料”“原班人马”“原地不动”。“源”则为名词性语素,表示事物的来源,如“货源”“财源”“兵源”“震源”“电源”“传染源”。

了解了“原”与“源”的分工后,就可以判定“原动力”这一写法才是正确的。“原动力”是指产生动力的力即起始力，引申指引发事件的根本原因或初始原因。

世外桃园(源)

错例

游人们来到这群峰竞秀、佳木繁茂的“世外桃园”，可春看杜鹃，夏看木兰，秋看红叶，冬看雾凇。

辨析

“世外桃园”当为“世外桃源”。错例系不明典故所致。

《桃花源记》是东晋文学家陶渊明的名篇。文章记述了晋太元年间，一名渔夫沿溪水行船，无意间发现一片桃花林。“林尽水源，便得一山，山有小口，仿佛若有光。”渔夫下船，从洞口进去，结果发现一个与世隔绝、未受战乱破坏的安乐之所。由于这个地方在桃花林的尽头、溪水的源头，故而被称作“桃源”。后世常用“世外桃源”比喻不受外界影响的或理想中的美好境地。

“桃源”的“源”不能写作“花园”的“园”。“桃园”指栽种桃树的园林。与之相关的著名故事有“桃园弑君”和“桃园结义”。前者说的是春秋时期赵穿在桃园袭杀晋灵公；后者讲的是东汉末年刘备、关羽、张飞三人在桃园中结为兄弟，共图大业。“世外桃园”将不同的典故杂糅在一起，不伦不类。

Z

脏(赃)款

错例

据查实，蒙特西诺斯利用这个网络聚敛的巨额脏款高达2.76亿美元，共有1400多人因此受到牵连。

辨析

“脏款”当为“赃款”。错例系读音相同、字形相近所致。

“赃”原本写作“贜”，从贝(财物)，藏声，“藏”亦表意，合在一起有隐匿钱财的意思。“赃”的本义为来路不正的财物，如“赃车”就是通过非法手段得来的车，“栽赃”就是将赃物或违禁物暗置别人处并诬陷其违法。“赃款”则是指通过贪污、受贿或抢劫、偷窃等一切非法手段得来的钱，是否为赃款须法律认定。

“脏”是个多音字。一音 zàng，作名词，是内脏的意思，如“心脏”“肾脏”“五脏六腑”等，与表示钱财的“款”无法搭配成词。一音 zāng，作形容词，表示有污垢、不干净、不文明，如“脏衣服”“说脏话”。尽管收受赃款是一种肮脏的行为，但“脏”字无法揭示“赃款”的特殊性质。

醮(蘸)水

错例

邓拓当时要求他们给老专家学者写信不能用醮水笔，要用毛笔工工整整地写，要按正确的格式写，以表示尊敬。

辨析

“醮水”当为“蘸水”。错例系字形相近所致。

“蘸”和“醮”只差一个草字头，因而很容易写错。无草字头的“醮”读 jiào，从酉。“酉”的甲骨文字形为缸中加一横（指事符号），是“酒”的本字。醮是古代的冠礼和婚礼上的一种仪式，尊者要给卑者斟酒，卑者接受后饮尽，无须回敬。旧时称寡妇再嫁为“再醮”，意思是再举行一次醮礼。后来“醮”转指祈祷神灵的祭礼，又指道士为祈福禳灾所设的道场。《红楼梦》第二十九回：“因说起初一日在清虚观打醮的事来，遂约着宝钗、宝玉、黛玉等看戏去。”“打醮”就是道士设坛做法事。

有草字头的“蘸”读 zhàn，指在液体、粉末或糊状的东西里沾一下就拿出来，如“蘸水钢笔”“大葱蘸酱”等。在现代汉语中，“醮”的使用频率很低，而“蘸”较为常见。

明火执杖(仗)

错例

人们闯进原始森林，就像明火执杖的强盗，见什么打什么。

天鹅、大雁、黑貂、松鼠、鲜卑鼬、驼鹿……全都成了他们的目标。

辨析

“明火执杖”当为“明火执仗”。错例系误解词义所致。

“杖”，木字旁，本义为棍棒，如“禅杖”“拐杖”“擀面杖”等。引申用作动词，表示拄着、拿着；进而引申出倚仗、依赖之义。“仗”，单人旁，本义为古人执持的刀戟等各种兵器的总称。《新唐书·郭子仪传》：“王师不利，委仗奔。”“委仗”即丢掉兵器。“明火执仗”的意思是点着火把，拿着武器；形容公开抢劫或肆无忌惮地作恶。

“仗”本为后起字，后来逐渐流行并取代“杖”的动词义，有了执持、凭借等含义；而“杖”仅保留名词义。《盐铁论》：“此高皇帝所以仗剑而取天下也。”“仗剑”就是拿着剑。《三国志·吴书》：“且舍鞍马，仗舟楫，与吴越争衡，本非中国所长。”“仗舟楫”就是凭借战船。常用词有“仗势欺人”等。

“明火执仗”的“仗”用的是其本义，泛指各种兵器。

白内瘴(障)

错例

有病的髋关节可以置换，临床的忧郁症可以控制，白内瘴可以在30分钟的外科手术中剥离——医学的进步提高了老年人的生活质量。

辨析

“白内瘴”当为“白内障”。错例系误解词义所致。

“障”从阜(左耳旁)，表明字义与地形高下有关。原为动词，有阻隔、遮挡、阻碍等含义，如“一叶障目，不见泰山”“障眼法”“障碍”等。用作名词，指各种起遮挡作用的东西，如“屏障”“路障”“白内障”。白内障是一种多发于老年人的眼部疾病。“内障”为中医学名词，见于《证治准绳》等古代医学典籍，是瞳孔以内眼病的总称。《证治准绳》指出，该病的症状是“有翳(yì)在黑睛内遮瞳子”。“翳”是遮盖物的意思；由于这种遮盖物通常是一层白色薄膜，所以后来人们将此病称作“白内障”。

“瘴”指瘴气，即热带或亚热带山林中的湿热空气，过去认为这种空气会引发恶性疟疾等多种疾病，因此该字为病字头(疒)。成语有“乌烟瘴气”，比喻空气污浊、秩序混乱或社会黑暗、风气不正。

动则(辄)

错例

那些动则价值数十万的“奇石”，原来造假成本如此之低。

辨析

“动则”当为“动辄”。错例系读音相近所致。

“辄”音 zhé，本指古时车板上端向外翻出的部分，亦称“车耳”。后借作副词，含有“每每、总是”之义，如《史记·李将军列传》：“(李)广廉，得赏赐，辄分其麾下。”“动”本指行动；虚化为副词后，亦有与“辄”类似的用法，如诸葛亮《后出师表》：“刘繇王朗，各据州郡，论安言计，动引圣人。”“动引圣人”即总是引用古代圣贤的言论。

“动”与“辄”组成同义复合词，表示动作行为经常出现或轻易发生，相当于“动不动就”，如《后汉书·吕布传》：“将军举动，不肯详思，忽有失得，动辄言误。误事岂可数乎？”

"则"音 zé，通常用作连词，表顺承，相当于"就""才"。"动则"不成词，而"动辄"最晚在汉末就已凝结成词。

蜇(蛰)伏

错例

这一年的深秋，又黑又瘦的冯铿和患病的许美勋一起冒着危险回到汕头，他们只能蜇伏在家中，到处仍然是压抑闷塞的气氛。

辨析

"蜇伏"当为"蛰伏"。错例系读音相近、字形相似所致。

"蜇"和"蛰"形符均为"虫"，区别在于声符。声符为"折"的"蜇"有两个读音：一读 zhē，用作动词，指毒虫叮刺，如"他被马蜂蜇伤了手臂"；一读 zhé，用作名词，指海蜇一类的腔肠动物。

声符为"执"的"蛰"只读 zhé。"执"在表音的同时兼有表意作用。"执"有拘囚、禁闭之义，与"虫"相合，表示寒冷时节虫类将自己封藏起来。《说文》："蛰，藏也。"《尔雅》："蛰，静也。"可见，所谓"蛰伏"就是动物冬眠，躲在洞穴中不食不动；而二十四节气中的"惊蛰"则是蛰居动物因天气回暖而惊醒，开始活动的意思。"蛰"还可喻指隐居、潜藏，如"蛰居山村"。

装祯(帧)

错例

放眼一看，这一柜子小人书，装祯和印刷比名著珍藏本毫不逊色。

辨析

“装祯”当为“装帧”。错例系读音相同、字形相近所致。

“帧”，巾字旁，表示与布帛有关，本义为画幅，如《牡丹亭·玩真》：“细观他帧首之上，小字数行。”所谓“装帧”就是指书画、书刊的装潢设计。后引申为量词，用于字画、照片等，相当于“幅”，《正字通·巾部》：“今人以一幅为一帧。”如《聊斋志异·画马》：“及入室，见壁间挂子昂画马一帧。”如今，“帧”还可表示最小单位的单幅影像画面，如“这部电影的每一帧都美到极致”；亦可表示网络上的数据传输单位。

“祯”，示字旁，表明与祭祀、礼仪、福祸等有关。“祯”的本义是吉祥之兆，如“祯祥”即吉祥，“祯泰”即吉祥安定。该字因寓意美好，经常被用来给人或事物命名，如明朝有位教育家叫多嘉祯，清代有位诗人叫王士祯，明思宗的年号为“崇祯”。“祯”与装饰、装潢风马牛不相及。

饮鸩(鸩)止渴

错例

这种削弱强势企业的救济式运作，显然违背市场化原则，也是一种饮鸠止渴的短期行为。

辨析

“饮鸠止渴”当为“饮鸩止渴”。错例系字形相近所致。

“鸩”和“鸠”都是形声字。“鸩”读 zhèn，从鸟，冘声，本指一种有毒的鸟。《说文》：“鸩，毒鸟也。”传说这种鸟的羽毛呈紫黑色，有剧毒，用来泡酒，饮后会中毒身亡，所以"鸩"的引申义是毒酒。"饮鸩止渴"即喝毒酒解渴，比喻只图解决眼前的困难，不顾将来的严重后果。

"鸠"读 jiū，从鸟，九声，指外形像鸽子的一类鸟。这类鸟不善筑巢，经常占据其他鸟类搭的窝，所以有个成语叫"鸠占鹊巢"，比喻强占他人的位置。

"鸠"虽然名声不佳，但并非毒鸟，"饮鸠止渴"说不通。

震(振)聋发聩

错例

从八十年代开始，一些文艺作品曾产生过震聋发聩的"轰动效应"，但很快即波平浪静，"春梦了无痕"。

辨析

"震聋发聩"当为"振聋发聩"。错例系读音相同、意义混淆所致。

"震"和"振"都有摇动、抖动的意思。区别在于：①"震"的本义为迅雷，引申指剧烈摇动、晃动；而"振"用于较轻的摇动、挥动。试比较"震天撼地""威震四方"和"振翅欲飞""振笔疾书"。②"震"往往是突如其来的，没有规律的，会给人带来压力甚至灾难，如"地震""震惊""震耳欲聋"；而"振"不是突发性的，其结果往往是积极的，有奋起、奋发的意思，如"振奋人心""振作精神""振聋发聩"。

"聩"音 kuì，指天生耳聋，引申为不明事理。"振聋发聩"就是发出很大的声音，使耳聋之人也听得见；比喻用语言文字唤醒糊涂麻木的人，使其清醒、振作。显然，这里要用"振"。

坐阵(镇)指挥

错例

项目经理王广斌索性把铺盖卷搬在洞口,常年不下山,坐阵指挥,使工程进度由最初的72小时一循环缩小到10小时。

辨析

“坐阵指挥”当为“坐镇指挥”。错例系读音相同所致。

“阵”的本义为军阵,即军队交战时布置的战斗队列,如“八卦阵”“一字长蛇阵”。“坐阵”是先秦时期临敌备战的一种阵型,士卒跪坐于地,待机而动,与“立阵”相对。因“坐”有居留、留守之义,“坐阵”也可表示守卫阵地,如《太公兵法》:“军夜惊,吏士坚坐阵,将持兵,无欢哗动摇,有起离阵者斩。”

“镇”的本义为压。施压是为了让物体稳定不动,于是引申出安抚、据守之义,如《史记·高祖本纪》:“镇国家,抚百姓,给馈饷,不绝粮道,吾不如萧何。”所谓“坐镇”就是官长亲自在某个地方镇守。《三国演义》第六十一回:“丞相坐镇中原,富贵已极,何故贪心不足,又来侵我江南?”如今,“坐镇”常用来表示有权威、有影响的人物亲临现场主持大局。可见,“坐镇指挥”的写法更为妥当。

旁证(征)博引

错例

他的谈锋在人才学、心理学、社会学间挖来剜去,旁证博引,说明着公共关系是社会生产力这一观点。

辨析

"旁证博引"当为"旁征博引"。错例系读音相近、字形相似所致。

"旁征博引"指说话或写文章时广泛地引用材料作依据或例证。这里的"旁"是广泛、普遍的意思。《说文》:"旁,溥也。"《广雅》:"旁,广也。"《尚书·太甲上》:"旁求俊彦,启迪后人。""旁求"即广求。"征"有收集、寻求的意思,常用词有"征税""征文""征集""征收""征求"等。"旁征"就是四处搜寻论据,"博引"则是广泛援引例证——这两个含义相似、结构相同的词共同组成并列式成语"旁征博引"。

"旁征"经常被错写成"旁证"。"证"的基本义为验证、证据。"旁证"通常指主要证据以外的其他参考证据或间接证据;用作动词,表示从侧面证明。"旁征"与"旁证"意义不同,不可混用。

仗义直(执)言

错例

在"追星热"沸沸扬扬、高温不退的今天,很钦佩贵报有勇气仗义直言,泼出令人警醒的一瓢冷水。

辨析

"仗义直言"当为"仗义执言"。错例系误解成语所致。

"仗义执言"是一个成语,意思是主持正义,说公道话。它与"直言不讳"意义相近,因此不少人误将其写作"仗义直言"。

"执言"与"直言"的区别是:前者指坚持自己的意见,不改口；而后者指说话坦诚、直率，不拐弯抹角。从词义来看，“执言”与“仗义”搭配更合适一些。再从结构来看，成语讲究对称美，并列结构的成语往往有行文对举、同义互见的特点。“仗义执言”是一个“（动＋宾）＋（动＋宾）”式的并列短语，其中的两个动词——“仗”和“执”，均可表示拿、握，如“仗剑”“执笔”，后来都引申出秉持、坚持的意思，如“仗节死义”“执迷不悟”。可见，它们是一对近义语素，因而能够对举。有了上述理解，这个成语就不容易写错了。

不止（只）……还……

错例

他不止去过北京，还去过上海。

辨析

“不止”当为“不只”。错例系读音相同、意义混淆所致。

“不止”原本是动词，意思是“不停”，常用于双音节动词性短语后，如“屡禁不止”，“大笑不止”，“生命不息，奋斗不止”。后引申用作副词，表示超出一定数量或范围，后面常常有数量词或数量短语，如“答案不止一种”“会议进行了不止两个小时”。在“动词＋不止＋数量短语”的结构中，“不止”有时可移到动词前，如“会议进行了不止两个小时”可变为“会议不止进行了两个小时”。“不止”后面也可以接名词或名词性短语，如“这次获奖的不止李老师”。还可以接小句，如“班里不止我一人考了满分”。

“不只”是连词，经常用于递进复句的前一分句，后一分句中往往有“而且、并且、还、也、甚至”等词与之呼应，有时可与“不仅”互换，如“村民们不只生活改善了，精神面貌也发生了变化”。

“不只”多用于复句，一般有后续句；而“不止”多用于单句，后续句可以不出现。“不只”不作句子成分，省略后一般对原意影响不大；而“不止”去掉后对原意改变很大。试比较：①孔子不只是思想家，还是一位教育家。/孔子是思想家，还是一位教育家。②这个月他迟到了不止三次。/这个月他迟到了三次。

截止(至)年底

错例

截止2018年底，全国共有1812万建档立卡贫困人口纳入社会救助兜底保障。

辨析

“截止”当为“截至”。错例系读音相近、意义混淆所致。

“截止”和“截至”都是表示时限的动词。从词义来看，二者的区别在于：“截止”强调“止”，表示在某个计时点上事情已经结束，是事情的终点，如“报名在本月15日已经截止”；“截至”是将尚未结束的进程在某个时间点切断，以便于了解进度或完成情况，是事情的中点，如“截至本月15日，报名人数已超20万”。

再从语法角度来看，“截止”后面不能直接带时间词语，它通常位于时间词语之后，即在某个时间截止；而“截至”后面须带时间词语，即截至某个时间。另外，“截止”可修饰“时间”“日期”等词语，如“截止日期”“截止时间”。

通过以上分析可知，“截至2018年底”才是正确写法；如果一定要用“截止”，应当说成“截止到2018年底”。“截止到”与“截至”可互相替代使用。

卷轶(帙)浩繁

错例

在数千年的实践中,中国人积累了丰富的中药临床应用经验,中医药典卷轶浩繁,长期总结的秘方、验方达30余万个。

辨析

“卷轶浩繁”当为“卷帙浩繁”。错例系字形相近所致。

“帙”读zhì,形符为“巾”,提示字义与织物有关。《说文》:“帙,书衣也。”其本义为书画外面包着的封套,多用布帛制成。王维有“荷锄修药圃,散帙曝农书”的诗句,“散帙”即打开书套。“帙”由书套引申指成套的书,“卷”则表示能够卷起来的书画作品;“卷”与“帙”连文,可泛指书籍或篇章。“卷帙浩繁”形容书籍极多,如“他千方百计地从卷帙浩繁的古籍中一点一滴地查寻与搜集资料”;亦可形容一部书篇章众多,如“《战争与和平》是一部卷帙浩繁的文学巨著”。

“轶”读yì,形符为“车”,本义为超车。《说文解字注》:“车之后者突出于前也。”后泛指超越、越过。《左传·僖公三十二年》:“君命大事,将有西师过轶我,击之,必大捷焉。”此处的“过轶”指兵车通过。又引申为散失、失传,如“轶闻”指不见于正式记载的传说或世人不大知道的事情。没有“卷轶浩繁”的说法。

致(制)胜法宝

错例

质量是产品的生命,也代表了企业的品格水准,是企业立足市场、获取效益的致胜法宝。

辨析

“致胜法宝”当为“制胜法宝”。错例系读音相同所致。

“制”即控制、制服;《辞海》对“制胜”的注解是“以谋略制敌而取得胜利”。“致”有达到、求得之义,如“格物致知”“宁静致远”“发家致富”等,“致胜”或可解作“取胜”。

从语义倾向来看,“制胜”强调取得胜利的主客观因素,特别是人的主观能动性,如战略战术、方针政策等;而“致胜”主要表示结果。显然,用“制胜”来修饰“法宝”,比“致胜”更为合适。

另外,“制胜”一词在文献中出现时间早(始见于《孙子兵法》),使用频率高;而“致胜”用例较少,且结合比较松散,始终未能凝结成词。《现代汉语词典》等规范型工具书仅收录“制胜”。

灸(炙)手可热

错例

众多记者的到来,使当地向导灸手可热,身价倍增。

辨析

“灸手可热”当为“炙手可热”。错例系字形相近所致。

“灸”读 jiǔ,形声字。从火,本义为烧灼。特指中医传统疗法,即用点燃的艾绒条熏灼人体穴位来治病,如“针灸”。

“炙”读 zhì,会意字。上面是“肉”,下面是“火”,本义为用火烤肉,如曹丕《艳歌何尝行》:“但当饮醇酒,炙肥牛。”用作名词,指烤熟的肉。辛弃疾词“八百里分麾下炙”,意谓将烤牛肉分给部下享用。后泛指烧灼、烘烤,如《东周列国志》第一百〇六回:

“(太子)丹心如焚炙,不能须臾安息。”

成语有“炙手可热”,意思是手一挨近就感觉热得烫人,比喻权势大,气焰盛,令人不敢靠近。语本杜甫《丽人行》诗:“炙手可热势绝伦,慎莫近前丞相嗔。”“灸手可热”是错误写法。

以至(致)铸成大错

错 例

国乒显然大意了,低估了伊藤美诚的能量,以至铸成大错,让她在2018年大显身手,把国乒搅得一团糟。

辨 析

“以至铸成大错”当为“以致铸成大错”。错例系读音相同、意义混淆所致。

“至”的本义为到、达到,如“人迹罕至”“从古至今”等。“以至”就是“一直到”,多用于连接词或短语,表示时间、数量、程度、范围等方面的延伸,通常为由小到大、由少到多、由浅到深、由低到高,如“看两遍、三遍以至十几遍”“从各乡、镇以至各省、市”。也可连接分句,用在后一分句句首,表示因上述情况程度加深而产生的结果。这个结果可以是积极的,也可以是消极的。“以至”的这一用法含有“甚至”的意味,实际上是在以下文强调上文所述情况程度之深。例如:“科学技术的发展实在太快了,以至我们忽然感到不懂的东西太多了。”

“致”的本义为送到、送给,如“致信”“致函”。引申指招来、引来(多为不好的结果),如“招致”“导致”“因伤致残”。“以致”相当于“致使”,只能出现在因果复句中后半句的开头,表示由于前面提到的原因而造成某种消极后果。例如:“元朝丞相权势过重，以致皇权不稳、内乱屡生。”

“以至”和“以致”的意义、用法都不相同。

不知所踪(终)

错例

这幅画作最后一次出现在公开拍卖市场上是1935年。48年前，该画再次易主，从此不知所踪。

辨析

“不知所踪”当为“不知所终”。错例系读音相近所致。

经常看到媒体把不知道结局或下落表述为“不知所踪”，如“儿童深夜不知所踪，家长报警寻人却在床底下找到”。“不知所踪”是“不知所终”的误写。

“终”本为动词，表示结束、终了，如“病终”“剧终”。“踪”本为名词，指脚印、足迹，如“无影无踪”；后引申出动词义追随、效仿，如《晋书·刘曜载记》：“朕欲远追周文，近踪光武。”

从语法来看，“所”附着在动词或动词性短语前，使整个结构具有名词性，指代动作行为的对象，这种结构称为“所”字结构，如“所得”即得到的东西，“所见所闻”即看到和听到的事情，“得”“见”“闻”都是动词。

那么，“所”与动词“终”组成“所终”，就是最终到的地方，也就是下落；“所”与动词“踪”组成“所踪”，则表示追随效仿的对象，与结局、下落毫无关联。

德高望众(重)

错例

农村的一些地方，自发兴起了民间组织“桌面会”。该会的主要任务是调解村民中的各种纠纷，其成员一般是村里德高望众且有一定文化的人。

辨析

“德高望众”当为“德高望重”。错例系读音相同所致。

“重”本指分量大，引申指重要、重大。强调一个人名气大、声望高时，常用“重”来形容。如《后汉书·袁安传》：“在职十年，京师肃然，名重朝廷。”《晋书·戴若思传》：“若思素有重望，四海之士莫不痛惜焉。”“众”的本义为众人、大家，如“众所周知”“众叛亲离”。引申为许多，成语有“敌众我寡”“芸芸众生”等。

“德高望重”就是品德高，声望重，形容人在社会上影响很大，或者在别人心目中地位很高。“名望”不能用“众多”来修饰。“德高望重”错写成“德高望众”，除了音同致误之外，大概也是受“众望所归”“深孚众望”等成语的影响。注意，“众望”指许多人的希望，与“望重”完全是两码事。

九洲(州)

错例

大江南北、长城内外，达成新的共识，迸发新的能量，九洲大地涌起改革开放的热流。

辨析

“九洲”当为“九州”。错例系音同形近、意义混淆所致。

“州”和“洲”是母字与分化字的关系。“州”是指事字，甲骨文字形是在“川”字中间加一个三角形或圆圈状的指事符号，写作，表示河川中央的沙洲。《说文》：“水中可居曰州。”相传大禹治水后，将天下分为九个区域，称为“九州”。后来“九州”成为中国的代称，而“州”也逐渐变为地方行政区划单位，如汉代分十三州，晋代分十九州，唐代有三百多个州，明清则改州为府。

如今，除了个别少数民族自治地区，“州”已不再用作中国的行政区划名称，但仍保留在一些地名中，如杭州、苏州、扬州等。至于“州”的水中陆地之义，人们则用增加形符的新造字“洲”来表示，如亚洲、欧洲、橘子洲等。

应当注意的是，湖南的株洲、内蒙古的满洲里等城市仍用“洲”来命名。

尘(麈)尾

错例

魏晋南北朝时期的士大夫，多手执尘尾，不谈世事，尚论玄理。

辨析

“尘尾”当为“麈尾”。错例系误认繁体所致。

“麈”音 zhǔ，从鹿，古书上指鹿一类的动物。“麈尾”就是用这种动物的尾毛制成的用来驱虫、掸尘的一种工具，形制类似于羽扇。据说麈群迁徙时，以头麈之尾为方向标志，麈尾遂成身份的象征。魏晋时期，士人常执麈尾在手，清谈时挥动麈尾以助谈兴。于是“挥麈”成为文人谈话的别称。有部宋代笔记体小说就叫作《挥麈录》。

“麈”与“尘”的繁体在字形上十分接近。“尘”的篆体原本从三鹿，从土，是个会意字，表示鹿群经过时扬起尘土；演变为楷书时简省重复部分，只保留一个“鹿”，写作“塵”；现在又简化为“尘”。

“麈”字较冷僻且与“塵”字形相似，不少人将其认作“尘”的繁体，因而错将“麈尾”简化为“尘尾”。

一柱(炷)香

错例

即使远在海外，很多中国人依然不忘在清明节给故去的亲人点上一柱香，烧上一摞纸，以实现心灵的慰藉。

辨析

“一柱香”当为“一炷香”。错例系读音相同、字形相近所致。

每逢大年初一，许多地方的民众都要到庙里上新年第一炷香。不少媒体对此事进行报道时，误把“一炷香”写成“一柱香”。

“柱”从木，本义为屋柱；后泛指一般的柱状物，如“琴柱”“水柱”等。

“炷”的本字为“主”。《说文解字注》：“主，灯中火主也……主、炷亦古今字。”“灯中火主”即灯芯，这是“炷”的本义；由此引申为灯烛及可燃的柱状物；后又用作量词，用于计量点着的香。陆游《夜香》诗云：“清夜一炷香，实与天心通。”

在古代，“一炷香”还被用作计时单位，所谓“一炷香工夫”就是一支香（或一束香）燃尽所用的时间。民间至今还有“人为一口气，佛为一炷香”的俗语。

床笫（第）

错例

女诗人本来是一个缠绵床第的残疾人，如今竟成为登山涉水、探幽访胜的游客了。

辨析

“床第”当为“床笫”。错例系字形相近所致。

“笫”和“第”字形十分相似，使用时要格外注意。“笫”读 zǐ，是指竹篾编织的床席，也用作床的代称。“床笫”即床和床铺，借指闺房之内或夫妇之间。《左传·襄公二十七年》：“床笫之言不逾阈（yù，门槛），况在野乎？”“床笫之言”类似于现在所说的“私房话”。

“第”读 dì，本指竹子的层次，后泛指次序。《汉书·公孙弘传》：“时对者百余人，太常奏弘第居下。”“第居下”即名次靠后。又引申指等级。《后汉书·献帝纪》：“试儒生四十余人，上第赐位郎中，次太子舍人，下第者罢之。”“上第”即上等。古代按官员等级建造宅院，于是“第”又引申为上等宅院，如“府第”“宅第”。后来“第”虚化为序数词前缀，如“第一天”“第三次”。汉语中没有“床第”一词。

姿(恣)意妄为

错例

俄外交部发言人扎哈罗娃认为，许多国家和地区的民众正在遭受着美国的姿意妄为。

辨析

“姿意妄为”当为“恣意妄为”。错例系读音相近、字形相似所致。

“恣”读 zì，从心，意思是放纵、放肆、不加约束，如“恣心”即随心，“恣肆”即放肆，“恣意妄为”就是任意胡作非为。引申指听凭、任凭。《战国策·赵策》：“诺，恣君之所使之。”意思是：好吧，任由您差遣他吧。又引申为尽情，如李白《将进酒》：“陈王昔时宴平乐，斗酒十千恣欢谑。”

“姿”读 zī，从女，本义为姿态，常用词语有“英姿飒爽”“搔首弄姿”“千姿百态”等。引申指容貌、美貌，如“天姿国色”。进而用作形容词，表示美好。《晋书·魏舒传》：“身长八尺二寸，姿望秀伟，饮酒石余，而迟钝质朴，不为乡亲所重。”“姿望”指优美的风度。

“恣”和“姿”音近形似，但字义完全不同。

抗疫狙(阻)击战

错例

为了打赢这场抗疫狙击战，他们夜以继日地工作，常常累得体力透支。

辨析

“抗疫狙击战”当为“抗疫阻击战”。错例系字形相近、意义混淆所致。

“狙”读 jū,本指古书上所说的一种猴子。《庄子》中有一则“狙公赋芧(xù)”的寓言,明朝刘基写过一篇题为《楚人养狙》的文章,说的都是关于“狙”的故事。猴子生性灵敏,善于偷袭,于是“狙”便引申出了窥伺、伏击之义。所谓“狙击”就是埋伏在隐蔽地点伺机袭击敌人,如《史记·留侯世家》:“秦皇帝东游,(张)良与客狙击秦皇帝博浪沙中,误中副车。”

“阻”读 zǔ,本义为险要之地,如“艰难险阻”。引申指阻止、阻挡。《现代汉语词典》对“阻击”的注释为“以防御手段阻止敌人增援、逃跑或进攻”,如“中国军队利用有利地形阻击敌人,并切断日军对外联系”。

简而言之,“狙击”是暗杀或偷袭,“阻击”则是公开抵抗;“狙击”由单个或少数战斗精英完成,旨在清除敌方重要头目,而“阻击”通常是人数较多、规模较大的军事行动,以阻敌前进、断敌退路为目标。

“抗疫”是一场以防御手段阻止疾病传染和蔓延的全民行动,比作“阻击战”更恰当。

编篡(纂)

错例

1989 年,徐新找到几位志同道合的朋友,酝酿着编篡一本有中国特色的《犹太百科全书》。

辨析

“编篡”当为“编纂”。错例系字形相近所致。

“纂”读 zuǎn，从糸（mì），本指赤色丝带。由编织丝带引申为收集、编撰，如韩愈《毛颖传》：“自结绳之代以及秦事，无不纂录。”“纂录”即编纂记载。

“篡”读 cuàn，从厶（sī），算声。“厶”是“私”的古字，“算”则兼表算计、谋划之意。出于私心而谋取是“篡”的基本义，如《墨子・天志上》：“处大国不攻小国，处大家不篡小家。”特指夺取君位或非法夺取权力、地位，如《三国志・蜀书・诸葛亮传》：“今曹氏篡汉，天下无主。”又引申为凭私意歪曲改动，如“日本为掩盖战争罪行，不惜篡改历史教科书”。

抓住形符辨析，就能把“篡”和“纂”区分开来。

尊（遵）从

错例

对于孙中山的一些革命行动和方针大计，陈炯明一直是表面上尊从，暗中却处处掣肘，制造障碍。

辨析

“尊从”当为“遵从”。错例系读音相同、字形相近所致。

“遵”是“尊”的加旁分化字。“尊”的甲骨文字形为[illegible]，象双手举杯敬酒。由敬酒引申出敬重、推崇之义，如“尊师重道”“敬老尊贤”。尊重某人必然会听取其建议，按其教导行事，遂引申出依从、依循之义。《论语・尧曰》：“尊五美，屏四恶，斯可以从政矣。”“尊五美”即遵循五种美德。后来此义用增加形符的“遵”字来表示。

“遵”在现代汉语中仅作动词用，如“遵守”“遵循”“遵照”“遵从”等。“尊”除了动词义，还引申用作形容词，指地位或辈分高，如“尊贵”“养尊处优”。用作名词，则表示受尊敬的人，如“尊长”“令尊”。还可用作敬辞，称对方或与对方相关的人、物，如“敢问尊姓大名”“不知尊意如何”。

座(坐)落　后坐(座)

错例

① 在意大利米兰市中心的艾曼纽二世长廊里，座落着一家近百年历史的老店，这里就是 Prada 品牌的创始店。

② 他用马克水笔在我车子后坐的座椅上画满了小朋友的那种图案，大家看到都要晕倒了。

辨析

“座落”“后坐”当为“坐落”“后座”。错例系音同形近、意义混淆所致。

从汉字历史来看，先有“坐”，后有“座”，二者是母字与分化字的关系。“坐”的本义为人的一种止息方式，即双膝着地，臀部压在足跟上，用作动词，如《论语·乡党》：“席不正，不坐。”由此引申为所坐的地方，变成了名词，如《韩非子·外储说左上》：“郑人有欲买履者，先自度其足，而置之其坐。”

后来，由于“坐”承担的意义越来越多，为了加以区别，人们就另造新的书写符号“座”来分担其名词义，如“高朋满座”“座无虚席”。母字“坐”主要承担动词义，如“坐以待毙”“如坐针毡”。

“坐落”表示建筑物位于某处，是一个并列式动词，因此不宜写成“座落”；“后座”指汽车后面一排的座位，是一个偏正式名词，应当用“座”。

做（坐）月子

错例

在仡佬族的山寨中，直到20世纪初还流行爸爸代替妈妈做月子的习俗。

辨析

“做月子”当为“坐月子”。错例系读音相同所致。

妇女在产后一个月里进行休息调养，俗称“坐月子”，也叫“坐月”。“坐”是一个会意字，古文字形为两人相对居处于土堆上，本指人的一种止息方式。《说文》：“坐，止也。”“坐月子”的“坐”就是静坐、休息一类的意思。

“做”的基本义为从事某种工作或活动，如“做生意”“做事情”；引申指生产、制造，如“做衣服”“做面包”；也指举行、举办，如“做生日”“做寿”。又引申为充当、担任、当作，如“做官”“做燃料”；还指结成某种关系，如“做亲家”“做朋友”；还可表示假装出某种模样，如“做样子”“做鬼脸”。

“坐”是静态的，而“做”是动态的，“做月子”解释不通。

图书在版编目（CIP）数据

高频别字300例 / 许霞编著. — 上海:上海教育出版社, 2020.5
（2024.8重印）
（字斟句酌）
ISBN 978-7-5444-9436-6

Ⅰ. ①高… Ⅱ. ①许… Ⅲ. ①汉字－错别字－辨别
Ⅳ. ①H124.1

中国版本图书馆CIP数据核字(2020)第082620号

责任编辑　李　璐　杨林成
书籍设计　郑　艺

字斟句酌丛书
高频别字300例
许　霞　编著

出版发行　上海教育出版社有限公司
官　　网　www.seph.com.cn
地　　址　上海市闵行区号景路159弄C座
邮　　编　201101
印　　刷　上海叶大印务发展有限公司
开　　本　889×1194　1/32　印张 8.25　插页 1
字　　数　200 千字
版　　次　2020年6月第1版
印　　次　2024年8月第5次印刷
书　　号　ISBN 978-7-5444-9436-6/H·0320
定　　价　35.00 元

如发现质量问题，读者可向本社调换　电话：021-64373213